✳

나 _____은/는

이 책의 233개 패턴을

_____월 _____일에서 _____월 _____일까지

일주일에 _____번, 하루 _____ 개, _____분 이상

꾸준히 학습할 것을 약속합니다.

✳

영어회화 핵심패턴 233

- 비즈니스편 -

차형석 지음

단어만 갈아 끼우면 회화가 튀어나온다!

*

Business English Patterns

233

영어회화 핵심패턴 233 비즈니스편
Business English Patterns 233

초판 1쇄 발행 | 2023년 5월 15일
초판 2쇄 발행 | 2023년 12월 29일

지은이 | 차형석
발행인 | 이종원
발행처 | (주)도서출판 길벗
브랜드 | 길벗이지톡
출판사 등록일 | 1990년 12월 24일
주소 | 서울시 마포구 월드컵로 10길 56(서교동)
대표 전화 · 02)332-0931 | 팩스 · 02)323-0586
홈페이지 · www.gilbut.co.kr | 이메일 · eztok@gilbut.co.kr

기획 및 책임편집 · 고경환 | 디자인 · 최주연 | 제작 · 이준호, 손일순, 이진혁, 김우식
마케팅 · 이수미, 장봉석, 최소영 | 영업관리 · 김명자, 심선숙 | 독자지원 · 윤정아

전산편집 · 한효경 | 녹음 및 편집 · 와이알미디어
인쇄 · 정민 | 제본 · 정민

ISBN 979-11-407-0425-5 03740
(길벗 도서번호 301153)

정가 18,000원

개정에 부쳐

인공 지능의 시대에도 말은 인간이 구사합니다. 따라서, 영어로 효과적으로 의사소통을 할 수 있는 능력은 분명히 실용적인 기술입니다. 꽤 오래 전에 한국인 학습자의 특정한 필요에 맞는 실용적인 비즈니스 영어 가이드를 제공한다면 큰 도움이 될 거라고 생각했고 이 책을 출간했습니다. 다행히 꾸준한 사랑에 힘입어 이렇게 개정을 할 수 있게 됐습니다.

1. 급변하는 비즈니스 상황에 맞는 최신 표현과 패턴

이 책에서는 프레젠테이션, 계약 협상 또는 네트워킹과 같은 다양한 주제를 다루며 학습자가 기술을 연습하고 강화하는데 도움이 되는 다양한 예제, 연습 활동을 제공합니다. 광범위한 비즈니스 사례를 분석하고 직접 뽑아서 버릴게 하나도 없는 패턴 233개로 정리했습니다. 최근의 코로나 상황으로 인해 강화된 비대면 업무도 이 책은 놓치지 않고 최신 내용으로 업데이트 했습니다.

2. 매일 공부해도 부담없는 20분 구성

바쁜 일상생활 속에서 또 작심삼일이 되지 않게 딱 20분 학습으로 구성했습니다. 패턴 1개에 꼭 필요한 예문 5개만 정리하고 학습 동영상을 같이 수록해서 QR코드만 찍으면 바로 학습이 시작될 수 있게 구성했습니다. 영어는 외우는 게 아니라 운전처럼 체화하는 것이라고 합니다. 그래서 패턴과 예문이 몸에 스며들 수 있게 훈련 프로그램을 만들었습니다.

이 책은 전문적인 비즈니스 영어 실력을 향상시키기위해 만들어졌습니다. 작지만 세련된 디자인으로 담아낸 이 내용이 글로벌 비즈니스 무대에서 성공을 꿈꾸는 영어 학습자들에게 작은 도움이 되길 바랍니다. 수고해 주신 길벗이지톡 편집팀과 저의 사랑하는 가족 한주연과 차하랑에게도 감사의 마음을 전합니다.

따뜻한 봄 기운을 느끼며
2023년 봄

PATTERN CHALLENGE

<영어회화 핵심패턴 233 비즈니스편>은 완독 챌린지 프로그램에 적합하게 구성했습니다. 아래 사항을 참고하여 하루 1패턴, 233일 완독 챌린지에 도전해 보세요.

| 20분 학습 챌린지 |

1. 패턴 학습

학습 시작 전 스스로 하루 학습 분량과 학습 가능한 시간을 설정합니다. 하루 1패턴, 20분 학습을 권장하며, 빨리 끝내고 싶은 분은 하루 2~3개의 패턴을 학습하세요. 각 패턴에는 다섯 개의 예문이 들어가 있습니다. 학습 날짜를 기록하고, 예문 5개를 3번 반복합니다. 한 번 학습할 때마다 체크박스에 표시합니다.

2. 유튜브 동영상 훈련

설정한 시간에 반드시 패턴 학습을 진행하고, 동영상 프로그램을 활용하여 표현을 체화시키세요. QR코드를 찍으면 바로 동영상 훈련으로 연결됩니다. 1분 내외의 짧은 호흡의 훈련으로 부담도 없습니다. 학습이 더 필요하면 동영상을 반복해 보거나 이동 시에 짬짬이 학습해도 좋습니다.

3. 온라인 인증

챌린지는 기록이 생명입니다. 6페이지의 planner를 적극적으로 활용하세요. 또한 학습 인증샷을 SNS(인스타그램, 블로그 등)에 업로드하여 공유하는 것도 큰 동기부여가 됩니다. 인스타그램이나 블로그는 여러 개의 부계정을 만들 수 있으므로, 인증 전용 계정을 사용하여 업로드해 보세요.

| Review 및 MP3 |

1. Review

한 Chapter가 끝나면 배웠던 패턴을 복
습할 수 있는 Review가 제공됩니다.
패턴이 대화 안에서 어떻게 활용되는지 확
인해 보고 따라해 보세요. 순서대로 보셔
도 되고 패턴을 모두 학습하신 뒤에 복습
으로 쭉 보셔도 됩니다.

2. MP3

패턴의 모든 패턴 예문과 Review를 원어
민이 녹음한 MP3가 제공됩니다. 길벗 홈
페이지(gilbut.co.kr)에 접속해 '영어회화 핵
심패턴 233 비지니스편'을 검색하여 자료
실로 들어가면 전체 MP3를 다운로드하거
나 실시간으로 들을 수 있습니다. 동영상
을 보기 힘든 환경이나 연속해서 듣고 싶
을 때 적극 활용해 보세요.

CONTENTS & PLANNER

Part 1
화상 회의 및 비대면 비즈니스 활용 패턴

Part 2
전화(비대면) 업무 처리 패턴

Part 3
회의(화상 회의) 및 메신저 필수 패턴

Chapter 09	업무에 필요한 사항 논의하기	Page	Date

Part 4
협상(비대면 협상)을 위한 패턴

Chapter 10	협상 전개하기	Page	Date

Part 5
무역과 프레젠테이션 필수 패턴

Part 6
비대면 업무의 핵심 이메일 패턴

Chapter 21	본론 말하기 1 - 희망 사항과 입장 밝히기	Page	Date

Chapter 22	본론 말하기 2 - 요청하고 강조하기	Page	Date

16

Part

1

화상 회의 및
비대면 비즈니스 활용 패턴

비대면으로 업무를 할 땐, 안정적인 인터넷 연결과 효율적인 기술 시스템을 구축하여 원활하게 해야 합니다. 민감한 정보를 안전하게 보호하고, 사이버 위협을 방지하기 위한 보안 조치도 적용해야 하지요. 팀 간의 원활한 소통을 유지하기 위해 다양한 채널 및 도구를 활용하고, 정기적인 회의 및 소통을 통해 정보 공유 및 협력을 촉진하면 좋습니다. 그 속에서 쓰이는 주요 표현들을 알아보겠습니다.

Chapter 01

화상 회의 시작

이번 Chapter에서는 전화를 걸어 자기소개를 하고 용건을 말할 때 쓰는 패턴을 익혀 봅니다. 그 외에도 회신 전화를 할 때, 상대가 부재중일 때, 바빠서 전화를 받을 수 없을 때 등 다양한 상황의 표현을 연습해 봅시다.

001 Please, click on ~.

002 Please, join the~.

003 Don't be late ~.

004 I will be attending ~.

005 It is about ~.

006 There are issues about ~.

007 Welcome to ~.

008 Please update ~.

009 Please be mindful of ~.

010 Before we start ~, ~.

Date.   .   .   ☐ ☐ ☐

Please, click on ~.

~을 클릭하세요.

Please, click on *the 'Submit' button to finalize your application.*

신청을 완료하려면 '제출' 버튼을 클릭하십시오.

Please, click on *the link provided in the email to verify your account.*

이메일에 제공된 링크를 클릭하여 계정을 확인하십시오.

Please, click on *the thumbnail image to view the full-sized photo.*

전체 크기의 사진을 보려면 썸네일 이미지를 클릭하십시오.

Please, click on *the 'Download' icon to access the document.*

문서에 액세스하려면 '다운로드' 아이콘을 클릭하십시오.

Please, click on *the dropdown menu to select your preferred language.*

드롭다운 메뉴를 클릭하여 원하는 언어를 선택하십시오.

finalize 마무리하다   verify 확인하다

웹 사이트, 응용 프로그램 또는 기타 소프트웨어 프로그램과 같은 디지털 인터페이스에서 다른 사람들과 소통하기 위해서 공손하게 지침을 제공하려는 경우 쓸 수 있습니다.

Please, join the ~.

~에 참여해주세요.

Please, join the *upcoming project discussion on Zoom.*

Zoom에서 예정된 프로젝트 토론에 참여하십시오.

Please, join the *virtual brainstorming session for marketing strategies.*

마케팅 전략을 위한 가상 브레인스토밍 세션에 참여하십시오.

Please, join the *online financial review meeting next week.*

다음 주 온라인 재무 검토 회의에 참여하십시오.

Please, join the *remote team-building activity scheduled for Friday.*

금요일에 예정된 원격 팀 빌딩 활동에 참여하십시오.

Please, join the *webinar on the latest industry trends this afternoon.*

오늘 오후 최신 산업 동향에 대한 웨비나에 참여하십시오.

---

upcoming 다가오는   webinar web과 seminar의 합성어

 이벤트, 모임 또는 활동에 누군가를 정중하게 초대하고 싶을 때 Please, join the ~ 패턴을 사용할 수 있습니다. 업무 관련 토론, 온라인 회의, 웨비나 또는 팀 활동에 동료나 팀 구성원을 초대하는 것과 같은 전문적인 상황에서 특히 유용합니다.

Don't be late ~.

~에 늦지 마세요.

Don't be late *for our team's virtual brainstorming session this afternoon.*

오늘 오후 우리 팀의 가상 브레인스토밍 세션에 늦지 마세요.

Don't be late *submitting your progress report before the online meeting starts.*

온라인 회의가 시작되기 전에 진도 보고서를 제출하는 데 늦지 마십시오.

Don't be late *when joining the video conference call with our overseas partners.*

해외 파트너와의 화상 회의에 늦지 마세요.

Don't be late *for the online training session we have scheduled tomorrow.*

내일 예정된 온라인 교육 세션에 늦지 마십시오.

Don't be late *in providing your feedback during the live Q&A session in our webinar.*

웨비나의 실시간 Q&A 세션에서 피드백 제공에 늦지 마십시오.

submit 제출하다 **overseas** 해외의

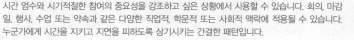
시간 엄수와 시기적절한 참여의 중요성을 강조하고 싶은 상황에서 사용할 수 있습니다. 회의, 마감일, 행사, 수업 또는 약속과 같은 다양한 직업적, 학문적 또는 사회적 맥락에 적용될 수 있습니다. 누군가에게 시간을 지키고 지연을 피하도록 상기시키는 간결한 패턴입니다.

I will be attending ~.

저는 ~에 참석할겁니다.

I will be attending *the marketing strategy discussion at 3 PM today.*

오늘 오후 3시에 열리는 마케팅 전략 토론회에 참석하겠습니다.

I will be attending *the software development team's weekly stand-up tomorrow morning.*

나는 내일 아침 소프트웨어 개발 팀의 주간 스탠드업에 참석할 예정입니다.

I will be attending *the product launch presentation on Friday afternoon.*

금요일 오후에 있을 제품 출시 발표회에 참석할 예정입니다.

I will be attending *the monthly sales report review next Tuesday.*

다음 주 화요일 월별 판매 보고서 검토에 참석할 예정입니다.

I will be attending *the UX design workshop scheduled for next week.*

다음 주에 예정된 UX 디자인 워크숍에 참석할 예정입니다.

---

a stand-up meeting 짧은 회의

이벤트나 모임에 참여하겠다는 의사를 다른 사람에게 알리고 싶을 때 I will be Attending ~ 패턴을 사용할 수 있습니다. 이것은 전문적인 환경, 온라인 회의, 회의, 워크숍 또는 사교 모임과 같은 다양한 맥락에서 사용될 수 있습니다.

It is about ~.

그것은 ~에 관한 것입니다.

It is about *the budget for the upcoming quarter.*

다가오는 분기의 예산에 관한 것입니다.

It is about *the new marketing strategy that we need to discuss today.*

오늘 논의해야 할 새로운 마케팅 전략에 관한 것입니다.

It is about *our progress on the software development project.*

소프트웨어 개발 프로젝트에 대한 우리의 진행 상황에 관한 것입니다.

It is about *the client's feedback we received yesterday.*

어제 받은 클라이언트의 피드백에 관한 것입니다.

It is about *the upcoming team building event we need to plan for.*

우리가 계획해야 할 다가오는 팀 빌딩 이벤트에 관한 것입니다.

토론 주제를 소개하고 싶을 때나 간단한 정보를 알려줄 때 다양한 상황에서 It is about ~ 패턴을 사용할 수 있습니다.

There are issues about ~.

~에 관한 이슈가 있어요.

There are issues about *the project timeline that we need to discuss.*

우리가 논의해야 할 프로젝트 일정에 대한 문제가 있습니다.

There are issues about *the budget allocation that we should address.*

우리가 해결해야 할 예산 할당에 관한 문제가 있습니다.

There are issues about *the communication flow that requires our attention.*

우리의 주의가 필요한 커뮤니케이션 흐름에 대한 문제가 있습니다.

There are issues about *the software compatibility that we need to resolve.*

해결해야 할 소프트웨어 호환성 문제가 있습니다.

There are issues about *the team coordination that we must improve.*

개선해야 할 팀 조정에 대한 문제가 있습니다.

timeline 일정 budget 예산 compatibility 호환성

이 패턴은 다양한 상황에서 사용될 수 있지만, 회의나 토론 중에 전문적 또는 비즈니스 환경에서 일반적으로 사용됩니다. 특히 일반적으로 다루거나 해결해야 하는 주제나 문제를 소개하는 데 사용됩니다. 문제를 제기하거나 개선 또는 주의가 필요한 영역을 지적할 때도 사용합니다.

Welcome to ~.

~로 환영합니다.

Welcome to *today's virtual team meeting.*

오늘의 가상 팀 회의에 오신 것을 환영합니다.

Welcome to *our weekly progress update call.*

주간 진행 상황 업데이트 콜에 오신 것을 환영합니다.

Welcome to *our online training session on project management.*

프로젝트 관리에 대한 온라인 교육 세션에 오신 것을 환영합니다.

Welcome to *the virtual conference on AI and machine learning.*

AI 및 기계 학습에 관한 가상 컨퍼런스에 오신 것을 환영합니다.

Welcome to *our company's annual general meeting for shareholders.*

우리 회사의 연례 주주총회에 오신 것을 환영합니다.

---

annual general meeting 연례 총회   shareholders 주주

온라인 회의 또는 이벤트 시작 시 이 패턴을 사용하여 참가자를 환영하고 환영할 수 있습니다. 회의를 시작할 때 참석자들이 편안함을 느끼게 해주고 참석자로서 존재감을 주는 전문적인 패턴입니다.

Please update ~.

~을 업데이트 해주세요.

Please update *us on the progress of the project.*

프로젝트 진행 상황을 업데이트해 주십시오.

Please update *your contact information in the system.*

시스템에서 연락처 정보를 업데이트하십시오.

Please update *the agenda with any new items for discussion.*

토론할 새 항목이 있으면 의제를 업데이트하십시오.

Please update *the team on any changes to the timeline.*

일정에 변경 사항이 있으면 팀에 업데이트해 주십시오.

Please update *the status of the action items from the last meeting.*

지난 회의에서 작업 항목의 상태를 업데이트하십시오.

---

contact information 연락 정보   status 상황

 특히 특정 주제에 대한 업데이트를 요청하거나 요청해야 하는 회의나 토론에서 다양한 상황에서 이 패턴을 사용할 수 있습니다. 이 패턴은 모든 사람에게 정보를 제공하고 동일한 페이지를 유지하며 진행 상황과 목표를 달성하는 데 유용합니다.

Please be mindful of ~.

~에 신경 써 주세요.

Please be mindful of *the time, as we have a lot to cover in this meeting.*

이 회의에서 다룰 내용이 많으므로 시간에 유의하십시오.

Please be mindful of *your microphone, and mute yourself when you're not speaking.*

마이크에 유의하고 말을 하지 않을 때는 음소거를 하십시오.

Please be mindful of *your language, and keep the discussion professional and respectful.*

귀하의 언어에 유의하고 토론을 전문적이고 정중하게 유지하십시오.

Please be mindful of *the agenda, and try to stay on topic during the meeting.*

의제를 염두에 두고 회의 중에 주제에 집중하도록 노력하십시오.

Please be mindful of *others' schedules, and avoid scheduling unnecessary meetings.*

다른 사람의 일정을 염두에 두고 불필요한 회의 일정을 잡지 마십시오.

---

mute 음소거하다　respectful 존중하는　unnecessary 불필요한

이 패턴은 회의, 프레젠테이션 또는 회의와 같은 전문적 또는 공식적인 환경에서 일반적으로 사용됩니다. 이벤트의 품질과 생산성에 영향을 미칠 수 있는 특정 사항이나 행동에 주의를 기울이도록 다른 사람들에게 상기시키는 정중한 패턴입니다.

Before we start ~, ~.

~을 시작하기 전에 ~.

Before we start, *can everyone hear me clearly?*

시작하기 전에 모두 내 말을 잘 들을 수 있나요?

Before we start, *I just wanted to confirm the agenda for today's meeting.*

시작하기 전에 오늘 회의 의제를 확인하고 싶었습니다.

Before we start, *is there anyone who has not yet introduced themselves?*

시작하기 전에, 아직 자기소개를 하지 않은 사람이 있습니까?

Before we start, *could someone please take minutes for this meeting?*

시작하기 전에 누군가 이 회의의 의사록을 작성해 주시겠습니까?

Before we start, *I would like to remind everyone to mute their microphones when they are not speaking.*

시작하기 전에 모든 사람이 말을 하지 않을 때는 마이크를 음소거하도록 상기시켜 드리고 싶습니다.

---

minutes 세부 사항   remind 상기시키다

온라인 회의 또는 토론을 시작할 때 이 패턴을 사용하여 기대치를 설정하고 지침을 설정하거나 회의를 진행하기 전에 해결해야 하는 기술적 문제를 명확히 할 수 있습니다. 이 패턴은 일반적으로 모든 사람이 시작할 준비가 되어 있고 회의의 장애물이나 오해가 없는지 확인할 때 사용됩니다.

A : I'm having trouble finding the registration form on the website.

B : **Please, click on** *the 'Sign Up' button at the top-right corner of the homepage.*

......

A : I can't seem to locate the file you shared with me in the email.

B : **Please, click on** *the 'Download Attachment' button at the bottom of the email.*

share 공유하다

A : **Please, join the** *virtual presentation on new product features at 3 PM today.*

B : Thank you for the invitation. I'll make sure to attend and learn more about the updates.

......

A : **Please, join the** *online feedback session for our recent project after lunch.*

B : I appreciate the invite. I'm looking forward to sharing my thoughts and hearing others' perspectives.

virtual 가상의   appreciate 감사하다

A : **Don't be late** *for our project update meeting tomorrow at 2 PM.*

B : Thanks for the reminder!

......

A : **Don't be late** *submitting your slides for the online presentation next week.*

B : No worries, I'll make sure to send them over well ahead of time.

reminder 상기

A : Hey, I just wanted to let you know that I **will be attending** *the project update meeting this afternoon.*

B : Great, I'll be there as well. It'll be a good opportunity for us to discuss the latest progress and address any concerns.

......

A : I received an invitation to the virtual team-building event next week. I **will be attending**, *how about you?*

B : Yes, I'm planning to attend too. It should be a fun way to connect with our teammates and strengthen our working relationships.

oportunity 기회

005

A : So, what's on the agenda for today's meeting?

B : **It is about** *our plans for the upcoming product launch and how we can coordinate marketing efforts.*

......

A : I think we're getting off track here. What were we supposed to be discussing?

B : You're right. **It is about** *the new remote work policy we need to finalize.*

agenda 안건   get off track 요지에서 벗어나다

004 A : 이봐, 내가 오늘 오후에 프로젝트 업데이트 회의에 참석할 거라는 걸 너에게 알려주고 싶었어. B : 좋아, 나도 갈게. 최신 진행 상황을 논의하고 우려 사항을 해결할 수 있는 좋은 기회가 될거야. | A : 다음 주 가상 팀 빌딩 행사에 대한 초대장을 받았습니다. 저는 참석하려고 해요, 당신은 어떻습니까? B : 네, 저도 참석할 예정입니다. 팀원들과 연결하고 업무 관계를 강화할 수 있는 재미있는 방법인 것 같아요. **005** A : 그래서, 오늘 회의 안건이 뭐죠? B : 다가오는 제품 출시 계획과 마케팅 활동을 어떻게 조율할 것인지에 관한 것입니다. | A : 제 생각에는 우리가 주제에서 벗어나고 있는 것 같습니다. 우리가 무엇을 논의했어야하죠? B : 당신 말이 맞아요. 논의할 내용은 우리가 확정해야하는 원격 근무 정책에 관한 것입니다.

006

A : Good morning, everyone. I'd like to discuss the progress of our new marketing campaign. **There are issues about** *the target audience that we need to address.*

B : Hi, I agree with you.

......

A : Hello, everyone. I'd like to talk about our website's performance. **There are issues about** *the loading speed that we must improve.*

B : Yes, I think we can optimize the images and reduce their size.

improve 개선하다

007

A : **Welcome to** *today's virtual team meeting.*

B : Thank you, glad to be here.

......

A : **Welcome to** *our online training session on project management.*

B : Thanks for having me, I'm excited to learn.

008

A : **Please update** *us on the budget for this project.*

B : We've allocated $50,000 for this project, and we're currently within budget.

......

A : **Please update** *the team on the status of the new product launch.*

B : We're on track to launch the product by the end of the month, and we've already completed the final round of testing.

budget 예산 be on track ~가 진행중인, ~로 향해 나아가는

---

006 A : 안녕하세요, 여러분. 새로운 마케팅 캠페인의 진행 상황에 대해 논의하고 싶습니다. 우리가 해결해야 할 목표 고객에 대한 이슈가 있습니다. B : 안녕하세요, 동의합니다. | A : 안녕하세요, 여러분. 우리 웹사이트의 성능에 대해 이야기하고 싶습니다. 로딩 속도에 대해 개선해야 할 문제가 있습니다. B : 네, 이미지를 최적화하고 크기를 줄일 수 있을 것 같아요. **007** A : 오늘의 가상 팀 회의에 오신 것을 환영합니다. B : 고맙습니다. 여기 오게 되어 기쁩니다. | A : 프로젝트 관리에 대한 온라인 교육 세션에 오신 것을 환영합니다. B : 초대해주셔서 감사합니다. 배우게 되어 기쁩니다. **008** A : 이 프로젝트의 예산에 대해 업데이트해 주십시오. B : 이 프로젝트에 50,000달러를 할당했으며 현재 예산 범위 내에 있습니다. | A : 신제품 출시 상황에 대해 팀에 업데이트해 주십시오. B : 이달 말까지 제품을 출시할 예정이며 이미 마지막 테스트 단계를 마쳤습니다.

A : **Please be mindful of** *your background noise, as it can be distracting for others.*

B : Oh, sorry about that. Let me close the window.

......

A : **Please be mindful of** *the time, we have only five minutes left for this topic.*

B : Okay, I will wrap up my point quickly.

distracting 방해하는   wrap up 마무리하다

010

A : **Before we start,** *I just wanted to remind everyone to keep their cameras on during the meeting.*

B : Thank you for the reminder.

......

A : **Before we start,** *I want to make sure everyone has a copy of the meeting agenda. It was sent out last week.*

B : Thanks for checking.

009 A : 배경 소음이 다른 사람에게 방해가 될 수 있으므로 주의하십시오. B : 아, 죄송합니다. 창문을 닫겠습니다. | A : 이 주제에 대한 시간이 5분 밖에 남지 않았으니 시간을 염두에 두시기 바랍니다. B : 알겠습니다. 요점을 빨리 마무리하겠습니다. **010** A : 시작하기 전에 모든 사람에게 회의 중에 카메라를 켜두도록 상기시키고 싶었습니다. B : 상기시켜 주셔서 감사합니다. | A : 시작하기 전에 모든 사람이 회의 의제 사본을 가지고 있는지 확인하고 싶습니다. 지난 주에 발송되었습니다. B : 확인해 주셔서 감사합니다.

Chapter 02

화상 회의 진행하기

회의 전에 마이크, 카메라 및 인터넷 연결을 테스트하여 모든 것이 제대로 작동하는지 확인하십시오. 이것은 회의 중에 기술적인 어려움을 피하는 데 도움이 될 것입니다. 그리고 회의에 대한 명확하고 간결한 의제를 만들고 회의 전에 모든 참석자와 공유합니다. 이를 통해 모든 사람이 대비하고 무엇을 기대해야 하는지 알 수 있습니다. 자, 다음은 성공적인 온라인 회의를 진행하기 위한 몇 가지 패턴입니다.

011 Can you see ~?

012 The meeting is going to last ~.

013 Don't hesitate ~.

014 Let me share ~.

015 Would you mind if ~?

016 Could I interrupt you ~?

017 We don't seem to ~.

018 Can we go back ~?

019 Have you considered ~?

020 I'm confused about ~.

Can you see ~?

~가 보이세요?

Can you see
my screen now?

지금 제 화면이 보이나요?

Can you see
the presentation clearly?

프레젠테이션을 명확하게 볼 수 있습니까?

Can you see
everyone on the call?

참가 중인 모든 사람을 볼 수 있습니까?

Can you see
the chat window on the side?

옆에 채팅창 보이시나요?

Can you see
the document I'm sharing?

내가 공유하고 있는 문서가 보이나요?

---

chat window 채팅창   share 공유하다

온라인 회의 중에 이 패턴을 사용하여 다른 참가자가 문서, 슬라이드, 비디오 또는 화면과 같이 공유하거나 프레젠테이션하는 항목을 보거나 볼 수 있는지 물어볼 수 있습니다. 모든 사람이 동일한 콘텐츠에 액세스하고 볼 수 있으며 토론을 따라갈 수 있음을 확인하는 패턴입니다.

The meeting is going to last ~.

회의는 ~ 걸립니다.

The meeting is going to last *about 45 minutes, so let's make sure we stay focused.*

회의는 약 45분 동안 진행될 예정이므로 집중하도록 합시다.

The meeting is going to last *a bit longer than usual, but I promise it will be worth it.*

회의가 평소보다 조금 더 길어질 예정이지만 그만한 가치가 있을 것이라고 약속합니다.

The meeting is going to last *for an hour, so let's try to keep our updates concise.*

회의는 한 시간 동안 진행될 예정이므로 업데이트를 간결하게 유지하도록 노력합시다.

The meeting is going to last *until noon, so we should wrap up by then.*

회의는 정오까지 계속될 예정이므로 그때까지 마무리해야 합니다.

The meeting is going to last *longer than anticipated, so please let me know if you need to leave early.*

회의가 예상보다 길어질 예정이니 일찍 나가야 하는 경우 알려주세요.

---

last 지속되다　stay focused 집중하다　concise 간결한　anticipate 기대하다

온라인 모임의 예상 시간을 다른 사람에게 알리고 싶을 때마다 이 패턴을 사용할 수 있습니다. 이렇게 하면 기대치를 관리하는 데 도움이 되고 참석자가 그에 따라 일정을 계획할 수 있습니다.

Don't hesitate ~.

~를 주저하지 마세요.

Don't hesitate *to speak up if you have any questions.*

질문이 있으면 주저하지 말고 말하십시오.

Don't hesitate *to share your screen if you need to show us something.*

우리에게 무언가를 보여줘야 한다면 주저하지 말고 화면을 공유하세요.

Don't hesitate *to suggest a different approach if you think it could work better.*

더 잘 작동할 수 있다고 생각되면 주저하지 말고 다른 접근 방식을 제안하십시오.

Don't hesitate to *use the chat function if you have any comments or concerns.*

의견이나 문제가 있으면 주저하지 말고 채팅 기능을 사용하십시오.

Don't hesitate *to take a break if you need one.*

휴식이 필요하면 주저하지 말고 휴식을 취하십시오.

---

approach 접근 function 기능 take a break 쉬다

온라인 회의에서 이 패턴을 사용하여 다른 사람들이 부정적인 결과나 판단에 대한 두려움 없이 조치를 취하거나 자신을 표현하거나 제안을 하도록 격려할 수 있습니다. 모든 참가자가 편안하게 자신의 생각과 아이디어를 공유할 수 있는 환경을 만드는 데 사용할 수 있습니다.

Let me share ~.

~을 공유하겠습니다.

Let me share
my screen so you can see the presentation.

프레젠테이션을 볼 수 있도록 내 화면을 공유하겠습니다.

Let me share
some background information about the project.

프로젝트에 대한 배경 정보를 공유하겠습니다.

Let me share
a few key points from the last meeting.

지난 회의의 몇 가지 핵심 사항을 공유하겠습니다.

Let me share *my thoughts*
on how we can improve our process.

프로세스를 개선할 수 있는 방법에 대한 제 생각을 공유하겠습니다.

Let me share
some feedback I received from a client.

한 클라이언트로부터 받은 몇 가지 피드백을 공유하겠습니다.

improve 개선하다 feedback 의견

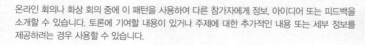

온라인 회의나 화상 회의 중에 이 패턴을 사용하여 다른 참가자에게 정보, 아이디어 또는 피드백을 소개할 수 있습니다. 토론에 기여할 내용이 있거나 주제에 대한 추가적인 내용 또는 세부 정보를 제공하려는 경우 사용할 수 있습니다.

Would you mind if ~?

~를 해도 괜찮을까요?

Would you mind if *we move on to the next agenda item*?

다음 안건으로 넘어가도 될까요?

Would you mind if *I share my screen to show you the presentation*?

프레젠테이션을 보여드리기 위해 제 화면을 공유해도 될까요?

Would you mind if *we take a short break to grab a coffee*?

잠시 휴식을 취하며 커피를 마시면 안 될까요?

Would you mind if *we invite John to the meeting for his input on this topic*?

이 주제에 대한 의견을 듣기 위해 John을 회의에 초대해도 될까요?

Would you mind if *we schedule a follow-up meeting to discuss the action items*?

조치 항목을 논의하기 위해 후속 회의 일정을 잡아도 될까요?

grab a coffee 커피를 마시다 follow-up meeting 후속 미팅

이 패턴은 온라인 회의 중 허가를 요청하거나 무언가에 대한 동의를 구할 때, 행동이나 아이디어를 제안할 때, 배려를 보이거나 도움을 제공할 때 사용할 수 있습니다.

Could I interrupt you ~?

~를 중단해도 될까요?

Could I interrupt you *for a quick clarification on that point*?

그 점에 대해 간단히 설명해드리기 위해 잠시 중단해도 될까요?

Could I interrupt you *to ask for your opinion on this matter*?

이 문제에 대한 당신의 의견을 묻기 위해 당신을 방해해도 될까요?

Could I interrupt you *to share a relevant example that might be helpful*?

도움이 될 수 있는 관련 예를 공유하기 위해 중단해도 될까요?

Could I interrupt you *briefly to confirm the next steps for this project*?

이 프로젝트의 다음 단계를 확인하기 위해 잠시 중단해도 될까요?

Could I interrupt you *for a moment to suggest a potential solution to the issue at hand*?

당면한 문제에 대한 잠재적 해결책을 제안하기 위해 잠시 중단해도 될까요?

clarification 명확성   matter 문제   briefly 간결하게   potential 잠재적인

이 패턴은 질문을 하거나 설명을 구하거나 토론에 기여하기 위해 대화에 정중하게 끼어들거나 일시 중지해야 할 때 온라인 회의에서 사용할 수 있습니다. 그들의 시간과 기여에 대한 존중을 보여주는 패턴입니다.

We don't seem to ~.

~이 아닌 것 같습니다.

We don't seem to
have everyone on the call yet.

아직 모든 사람이 통화에 참여하지 않은 것 같습니다.

We don't seem to
be making progress with this project.

이 프로젝트가 잘 진행되지 않는 것 같습니다.

We don't seem to
have the updated agenda for today's meeting.

오늘 회의에 대해 업데이트된 의제가 없는 것 같습니다.

We don't seem to *have received*
the latest report from the finance team.

재무팀에서 최신 보고서를 받지 못한 것 같습니다.

We don't seem to *be able to hear you,*
can you please check your microphone?

목소리가 들리지 않는 것 같습니다. 마이크를 확인해 주시겠습니까?

latest 최신의

이 패턴은 온라인 회의 중에 기술적인 문제가 발생한 경우나 중요한 정보나 문서가 누락되었을 때,
또는 목표를 달성하는 데 어려움이나 장애물에 직면했을 때처럼 다양한 상황에서 쓰입니다.

Can we go back ~?

~로 돌아갈 수 있을까요?

Can we go back
to the previous slide for a moment?

잠시 이전 슬라이드로 돌아가도 될까요?

Can we go back *to the agenda and make sure we've covered everything?*

안건으로 돌아가서 모든 내용을 다뤘는지 확인할 수 있습니까?

Can we go back *to the point you just made and clarify it further?*

방금 언급한 요점으로 돌아가서 더 명확히 말씀해 주실 수 있습니까?

Can we go back *to the beginning of the presentation and start over?*

프레젠테이션 시작 부분으로 돌아가서 다시 시작할 수 있습니까?

Can we go back *to the decision we made last week and discuss any updates or changes?*

지난주에 내린 결정으로 돌아가 업데이트나 변경 사항에 대해 논의해도 될까요?

previous 이전의   **clarify** 명확하게 하다   **start over** 다시 시작하다

온라인 회의 중에 이전에 논의, 언급 또는 발표된 항목을 참조하며 추가 설명 또는 토론을 위해 다시 돌아가서 봐야 하는 경우에 사용할 수 있습니다.

Have you considered ~?

~을 고려했나요?

Have you considered *incorporating more visuals in your presentation*?

프레젠테이션에 더 많은 시각적 요소를 통합하는 것을 고려해 보셨습니까?

Have you considered *using a different approach for the marketing campaign*?

마케팅 캠페인에 다른 접근 방식을 사용하는 것을 고려해 보셨습니까?

Have you considered *the impact of the recent policy changes on our project*?

최근 정책 변경이 우리 프로젝트에 미치는 영향을 고려했습니까?

Have you considered *inviting a guest speaker to share their insights on the topic*?

주제에 대한 인사이트를 공유하기 위해 초청 연사를 초대하는 것을 고려해 보셨습니까?

Have you considered *scheduling a follow-up meeting to review the progress*?

진행 상황을 검토하기 위해 후속 회의 일정을 잡는 것을 고려해 보셨습니까?

---

incorporate 합치다   recent 최근의   insight 통찰, 인사이트

이 패턴은 온라인 회의 또는 다른 형태의 의사소통 중에 아이디어를 제안하거나 프로젝트 또는 계획에 대해 생각하도록 유도할 때 사용할 수 있습니다. 의견이나 피드백을 제공하는 정중하고 비대립적인 방법이며 공식 및 비공식 환경 모두에서 사용할 수 있습니다.

I'm confused about ~.

~이 혼란스럽습니다.

I'm confused about
the next steps in this project.

이 프로젝트의 다음 단계에 대해 혼란스럽습니다.

I'm confused about
the timeline for the new product launch.

신제품 출시 일정에 대해 혼란스럽습니다.

I'm confused about
the purpose of this meeting.

나는 이 회의의 목적에 관해 혼란스럽습니다.

I'm confused about
the data presented in the last slide.

마지막 슬라이드에 제시된 데이터에 대해 혼란스럽습니다.

I'm confused about *the roles and responsibilities of the team members.*

나는 팀원들의 역할과 책임에 대해 혼란스럽습니다.

불분명한 정보나 설명이 주어졌을 때나 추가 정보가 필요한 상황일 때 이 패턴을 사용할 수 있습니다. 회의, 토론, 프레젠테이션 또는 일상적인 대화에서 쓸 수 있으며 특정 주제나 문제에 대한 명확한 정보나 방향을 물을 때 유용하게 쓰입니다.

011

A : Good morning everyone, **can you see** *my screen*?

B : Yes, I can see your screen clearly.

......

A : Okay, let's move on to the next item on the agenda. **Can you see** *the document I shared*?

B : Sorry, I can't seem to find the document. Can you please share it again?

012

A : **The meeting is going to last** *about 30 minutes, so let's get started.*

B : Sounds good, thanks for letting us know.

......

A : **The meeting is going to last** *longer than usual, but I promise it will be worth it.*

B : No problem, I'm prepared to stay as long as needed.

013

A : **Don't hesitate to** *interrupt me if I'm speaking too fast.*

B : Thank you, but you're speaking at a good pace.

......

A : **Don't hesitate to** *let me know if you need me to repeat anything.*

B : I appreciate that, but I heard everything clearly. Thank you.

014

A : **Let me share** *the results from the latest customer satisfaction survey.*

B : Great, we're all ears.

......

A : **Let me share** *a concern I have about the timeline for this project.*

B : Sure, go ahead.

satisfaction 만족 survey 여론조사

---

011 A : 좋은 아침입니다. 제 화면이 보이시나요? B : 네, 화면이 선명하게 보입니다. | A : 알겠습니다. 안건의 다음 항목으로 넘어가겠습니다. 내가 공유한 문서를 볼 수 있습니까? B : 죄송합니다. 문서를 찾을 수 없는 것 같습니다. 다시 공유해 주시겠습니까? **012** A : 회의는 약 30분 동안 진행될 예정이니 시작하겠습니다. B : 좋습니다, 알려주셔서 감사합니다. | A : 회의가 평소보다 길어질 예정이지만 그만한 가치가 있을 것이라고 약속합니다. B : 문제 없습니다. 필요한 만큼 오래 머물 준비가 되어 있습니다. **013** A : 내가 너무 빨리 말하면 주저하지 말고 말을 끊어주세요. B : 고맙습니다만, 당신은 적당한 속도로 말하고 있습니다. | A : 반복해야 할 것이 있으면 주저하지 말고 알려주십시오. B : 고맙지만 모든 것을 명확하게 들었습니다. 감사합니다. **014** A : 최근 고객 만족도 조사 결과를 공유하겠습니다. B : 좋아요, 들을 준비됐어요. | A : 이 프로젝트의 일정에 대한 우려 사항을 공유하겠습니다. B : 네, 계속하세요.

A : **Would you mind if** *we move on to the next agenda item*? We have a lot to cover today.

B : No, that's fine with me. Let's move on.

......

A : **Would you mind if** *I share my screen to show you the presentation*?

B : No, not at all. Please go ahead and share your screen.

016

A : Could I interrupt you for a moment to ask if we have any updates on the budget for this project?

B : Yes, of course.

......

A : Could I interrupt you briefly to suggest that we table this discussion for our next meeting and focus on the action items for this week?

B : That's a good idea.

017

A : **We don't seem to** *have enough time to cover all the agenda items*.

B : I agree. Maybe we should prioritize the most important ones?

......

A : **We don't seem to** have the final budget report for this quarter.

B : Yes, I'm sorry about that. The finance team has had some delays, but they assured me they'll have it ready by tomorrow.

cover 다루다   priortize 우선 순위화 하다   budget 예산

015 A : 다음 안건으로 넘어가도 될까요? 오늘 다룰 내용이 많습니다. B : 괜찮습니다. 다음으로 넘어가죠. | A : 프레젠테이션을 보여드리기 위해 제 화면을 공유해도 될까요? B : 괜찮습니다. 신경쓰지 말고 화면을 공유하세요. **016** A : 이 프로젝트의 예산에 대한 업데이트가 있는지 물어보기 위해 잠시 끼어들어도 될까요? B : 네, 물론이죠. | A : 이 논의를 다음 회의로 미루고 이번 주 작업 항목에 초점을 맞추자고 제안하기 위해 잠시 끼어들어도 될까요? B : 좋은 생각이네요. **017** A : 모든 안건을 다룰 시간이 충분하지 않은 것 같습니다. B : 동의합니다. 가장 중요한 것의 우선순위를 정해야 하지 않을까요? | A : 이번 분기에 대한 최종 예산 보고서가 없는 것 같습니다. B : 네, 죄송합니다. 재무 팀에서 약간의 지연이 있었지만 내일까지 준비할 것이라고 확신시켜 주었습니다.

018

A : Excuse me, **can we go back** *to the market share slide for a moment?*

B : Sure, let me just share my screen again.

......

A : **Can we go back** *to the part where we discussed the timeline for this project?*

B : Of course, I think that was on slide 5. Let me just pull that up for you.

019

A : **Have you considered** *using a different software for this project?*

B : Yes, I've actually looked into a few different options, but I think the one we're currently using is still the best fit for our needs.

......

A : **Have you considered** *adding more team members to this project?*

B : Yes, I've given it some thought, but I think we can manage with the current team.

fit 적임

020

A : **I'm confused about** *the goal of this project. Can you clarify that for me?*

B : Yes, the goal of the project is to increase our company's revenue by 20% by the end of the quarter.

......

A : **I'm confused about** *the budget for this campaign. Can you provide more information on that?*

B : Sure, the budget for the campaign includes social media ads, email marketing, and influencer partnerships.

revenue 수입 ads 광고 influencer 인플루언서

---

018 A : 실례합니다. 잠시 시장 점유율 슬라이드로 돌아가도 될까요? B : 네, 제 화면을 다시 공유하겠습니다. | A : 이 프로젝트의 일정에 대해 논의했던 부분으로 다시 돌아가도 될까요? B : 물론입니다. 5번 슬라이드에 있었던 것 같아요. 슬라이드로 끌어 올려줄게요. **019** A : 이 프로젝트에 다른 소프트웨어를 사용하는 것을 고려해 보셨습니까? B : 네, 실제로 몇 가지 다른 옵션을 살펴봤지만 현재 사용하고 있는 옵션이 여전히 우리의 필요에 가장 적합하다고 생각합니다. | A : 이 프로젝트에 더 많은 팀원을 추가하는 것을 고려해 보셨습니까? B : 네, 생각을 좀 해봤는데, 현재 팀으로 해낼 수 있을 것 같아요. **020** A : 이 프로젝트의 목표에 대해 혼란스러워요. 당신이 그것을 명확하게 알려 주실 수 있습니까? B : 네, 프로젝트의 목표는 분기 말까지 회사 수익을 20% 증가시키는 것입니다. | A : 이 캠페인의 예산에 대해 혼란스럽습니다. 그것에 대해 더 많은 정보를 제공해 주실 수 있습니까? B : 물론이죠. 캠페인 예산에 소셜 미디어 광고, 이메일 마케팅, 인플루언서 파트너십이 포함됩니다.

Chapter 03

주요 온라인 비즈니스 패턴

인터넷이 의사소통, 학습 및 비즈니스 수행을 위한 유비쿼터스 도구가 되었기 때문에 온라인 영어는 중요합니다. 영어는 인터넷에서 가장 널리 사용되는 언어이며 국제 비즈니스 언어입니다. 비즈니스 파트너, 클라이언트 및 고객과 효과적으로 의사 소통을 할 수 있는 패턴을 소개합니다.

021 Could you provide me with ~?

022 In summary, ~.

023 I appreciate ~.

024 I encourage ~.

025 I still don't understand ~.

Could you provide me with ~?

~을 제공해 주시겠습니까?

Could you provide me with *an update on the project status*?

프로젝트 상태에 대한 업데이트를 제공해 주시겠습니까?

Could you provide me with *the agenda for today's meeting*?

오늘 회의 의제를 알려주시겠습니까?

Could you provide me with *the contact information for our new client*?

새 고객의 연락처 정보를 알려주시겠습니까?

Could you provide me with *the data from last month's sales report*?

지난 달 판매 보고서의 데이터를 제공해 주시겠습니까?

Could you provide me with *access to the shared drive for the presentation files*?

프레젠테이션 파일의 공유 드라이브에 대한 액세스 권한을 제게 제공해 주시겠습니까?

---

access 접근. 액세스

 회의나 토론 중에 다른 사람에게 정보나 리소스를 요청해야 할 때나 업무를 진행하는 데 필요한 것을 묻는 정중하고 격식있는 패턴입니다.

In summary, ~.

요약하면, ~.

In summary, *we've covered the main points
of the project and its timeline.*

요약하면 프로젝트의 주요 사항과 일정에 대해 다루었습니다.

In summary, *we've identified the key issues
and proposed several solutions.*

요약하면 핵심 문제를 파악하고 몇 가지 솔루션을 제안했습니다.

In summary, *we've reviewed the budget for
the upcoming quarter and discussed
potential cost savings.*

요약하면 다음 분기의 예산을 검토하고 잠재적인 비용 절감에 대해 논의했습니다.

In summary, *we've analyzed the market trends
and identified new opportunities for growth.*

요약하면, 우리는 시장 동향을 분석하고 새로운 성장 기회를 식별했습니다.

In summary, *we've discussed the feedback
received from our customers and outlined
a plan for improvement.*

요약하면 고객으로부터 받은 피드백에 대해 논의하고 개선 계획의 윤곽을 그렸습니다.

identify 확인하다 upcoming 다가오는 receive 받다

지금까지 논의된 요점에 대한 간략한 요약이나 개요를 제공하려는 경우 온라인 회의 중에 In summary, ~ 패턴을 사용할 수 있습니다. 많은 정보를 다루고 모든 사람이 같은 페이지에 있는지 확인하려는 경우 특히 유용합니다.

I appreciate ~.

~에 감사드립니다.

I appreciate
everyone's attendance at this online meeting.

이 온라인 회의에 참석해 주신 모든 분들께 감사드립니다.

I appreciate *the hard work*
that went into preparing this presentation.

이 프레젠테이션을 준비하기 위해 들인 노고에 감사드립니다.

I appreciate
your insights on this topic, John.

이 주제에 대한 귀하의 인사이트에 감사드립니다, John.

I appreciate
the opportunity to speak today.

오늘 말씀드릴 기회를 주셔서 감사합니다.

I appreciate *your patience while we work*
through these technical difficulties.

기술적인 문제를 해결하는 동안 기다려 주셔서 감사합니다.

---

patience 인내   **hard work** 노고

누군가의 시간이나 노력에 대한 감사 표현, 누군가의 기여를 인정, 누군가의 도움이나 지원에 대한 감사, 누군가의 친절이나 관대함에 대한 감사 표시 등을 할 때 이 패턴이 사용될 수 있습니다.

I encourage ~.

~을 권장합니다.

I encourage *everyone to speak up and share their thoughts on this matter.*

저는 모든 사람이 이 문제에 대해 목소리를 높이고 생각을 공유할 것을 권장합니다.

I encourage *you to take on this project and showcase your skills.*

이 프로젝트에 참여하여 자신의 기술을 선보이시기 바랍니다.

I encourage *us to think outside the box and come up with innovative solutions.*

고정관념을 깨고 혁신적인 솔루션을 생각해 내시기 바랍니다.

I encourage *the team to collaborate closely and work towards a common goal.*

나는 팀이 긴밀히 협력하고 공동의 목표를 향해 일할 것을 권장합니다.

I encourage *everyone to be proactive and take ownership of their tasks.*

저는 모든 사람이 능동적으로 자신의 업무에 주인의식을 갖기를 권장합니다.

---

showcase 뽐내다   collaborate 협동하다   proactive 적극적인

회의, 프레젠테이션, 워크숍, 코칭 세션, 개인 대화와 같은 공식 및 비공식 설정 모두에서 사용할 수 있습니다. 다른 사람들에게 지원과 자신감을 표현하는 긍정적이고 고무적인 패턴입니다.

I still don't understand ~.

여전히 ~가 이해가 안됩니다.

I still don't understand *the purpose of this meeting, could you clarify it for me*?

아직 이 회의의 목적을 이해하지 못하겠습니다. 명확하게 말씀해 주시겠습니까?

I still don't understand *the last point you made, could you please repeat it*?

마지막으로 말씀하신 요점을 아직도 이해하지 못하겠습니다. 다시 한 번 말씀해 주시겠습니까?

I still don't understand *how this project will be beneficial for our company, could you explain it in more detail*?

이 프로젝트가 우리 회사에 어떻게 도움이 될지 아직도 모르겠습니다. 좀 더 자세히 설명해 주시겠습니까?

I still don't understand *the technical aspects of this solution, can you simplify it for me*?

여전히 이 솔루션의 기술적 측면을 이해하지 못하겠습니다. 쉽게 얘기해 주실 수 있습니까?

I still don't understand *why we are facing this issue, could you shed some light on it*?

아직도 왜 우리가 이 문제에 직면했는지 이해할 수 없습니다. 이 문제에 대해 설명해 주시겠습니까?

---

beneficial 이로운 aspects 관점 shed light on 설명하다

추가 설명을 요구하거나 특정 주제에 대한 혼란을 표현하는 데 사용할 수 있습니다. 이 패턴은 생산적인 커뮤니케이션을 돕고 모든 사람이 논의 중인 정보를 명확하게 이해하도록 하는 데 유용합니다.

021

A : **Could you provide me with** *the presentation slides for the Q1 financial report?*

B : Yes, sure. I will send you the slides right after this meeting.

......

A : **Could you provide me with** *an update on the new product development project?*

B : We are currently in the testing phase.

phase 단계

022

A : **In summary,** *we've received a lot of positive feedback from our customers about the new product.*

B : That's great to hear!

......

A : **In summary,** *we've identified three potential vendors who can provide the software we need.*

B : Okay, that's a good start.

023

A : **I appreciate** *the long hours and dedication you've all put in.*

B : We couldn't have done it without you.

......

A : **I appreciate** *all the work you've done to help us resolve them quickly.*

B : No problem.

quickly 조속히

021 A : 1분기 재무 보고서의 프레젠테이션 슬라이드를 제공해 주시겠습니까? B : 네, 물론이죠. 이 회의 직후에 슬라이드를 보내드리겠습니다. | A : 신제품 개발 프로젝트에 대한 업데이트를 알려주시겠습니까? B : 현재 테스트 단계에 있어요. **022** A : 요약하자면, 신제품에 대해 고객으로부터 많은 긍정적인 피드백을 받았습니다. B : 좋은 소식입니다! | A : 요약하자면, 우리는 우리에게 필요한 소프트웨어를 제공할 수 있는 세 개의 잠재적 공급업체가 있는 것을 확인했습니다. B : 좋아요, 시작이 좋네요. **023** A : 여러분 모두가 쏟은 긴 시간과 헌신에 감사드립니다. B : 당신 없이는 할 수 없었습니다. | A : 신속하게 문제를 해결할 수 있도록 도와주신 모든 노력에 감사드립니다. B : 별말씀을요.

024

A : **I encourage** *you all to take a moment to review the agenda for today's meeting.*

B : **I encourage** *the team to stay engaged throughout the meeting.*

......

A : As we wrap up this meeting, **I encourage** *you to share any final thoughts or questions.*

B : Let's keep the momentum going until our next meeting.

wrap up 끝내다

025

A : **I still don't understand** *how this feature will benefit our users.*

B : Sure, this feature will make it easier for users to access our platform from their mobile devices.

......

A : **I still don't understand** *how we can meet the deadline with our current resources.*

B : Yes, we have already hired additional staff to help us with the workload.

deadline 납기

024 A : 잠시 시간을 내어 오늘 회의 의제를 검토하시길 권장합니다. B : 저는 팀이 회의 내내 계속 참여하도록 권장합니다. | A : 이 회의를 마무리하면서 드는 생각이나 질문이 있으면 공유해 주시기 바랍니다. B : 다음 회의까지 모멘텀을 유지합시다. **025** A : 이 기능이 사용자에게 어떤 이점이 있는지 아직 모르겠습니다. B : 물론입니다. 이 기능을 사용하면 사용자가 모바일 장치에서 우리 플랫폼에 더 쉽게 액세스할 수 있습니다. | A : 현재 리소스로 어떻게 마감일을 맞출 수 있는지 아직도 모르겠습니다. B : 네, 업무량을 처리할 직원을 이미 추가로 고용했습니다.

Chapter 04

비대면 고난도 패턴 활용하기

비대면 상황에서 발생할 수 있는 예상치 못한 경우에 활용할 수 있는 패턴과 그 외의 부수적인 패턴입니다. 오디오 또는 비디오 중단을 유발하는 인터넷 연결 문제, 문서 또는 기타 자료에 액세스하거나 공유하는 데서 겪을 수 있는 어려운 상황 등에서 이러한 패턴을 사용하여 사과하거나 상황을 설명하고, 솔루션을 제공하고, 도움을 요청할 수 있습니다.

026 I'm having trouble ~.

027 Can someone help me troubleshoot ~?

028 Whatever ~.

029 As part of ~.

030 Whenever ~.

031 The staff is undergoing ~.

I'm having trouble ~.

~에 문제가 있어요.

I'm having trouble
connecting to the internet, can you hear me?

인터넷에 연결하는 데 문제가 있습니다. 제 목소리가 들리나요?

I'm having trouble *sharing my screen, can someone help me troubleshoot?*

화면을 공유하는 데 문제가 있습니다. 문제 해결을 도와줄 사람이 있나요?

I'm having trouble *hearing you, could you please speak a little louder?*

잘 안 들리는데 좀 더 크게 말씀해주시겠어요?

I'm having trouble *logging in, could you send me the meeting link again?*

로그인에 문제가 있습니다. 회의 링크를 다시 보내주시겠습니까?

I'm having trouble *accessing the documents, could you resend them or share them another way?*

문서에 액세스하는 데 문제가 있습니다. 문서를 다시 보내거나 다른 방법으로 공유할 수 있습니까?

---

troubleshoot 문제를 해결하다

온라인 회의 중에 문제나 어려움이 발생할 때마다 이 패턴을 사용할 수 있습니다. 이 패턴은 오디오 또는 비디오 품질 문제, 기술 문제 또는 발생할 수 있는 기타 예기치 않은 어려움을 전달하는 데 사용할 수 있습니다.

Date.   .   .

☐ ☐ ☐

Can someone help me troubleshoot ~?   ~한 문제 해결을 도와주시겠어요?

Can someone help me troubleshoot
why I can't see the presentation slides?

프레젠테이션 슬라이드가 보이지 않는 문제 해결을 도와줄 사람이 있습니까?

Can someone help me troubleshoot
my microphone? It doesn't seem to be working.

마이크 문제 해결을 도와줄 사람이 있습니까? 작동하지 않는 것 같습니다.

Can someone help me troubleshoot
my webcam? I'm having trouble getting it to turn on.

웹캠 문제 해결을 도와줄 사람이 있습니까? 전원을 켜는 데 문제가 있습니다.

Can someone help me troubleshoot
why I can't hear anything?

아무 소리도 들리지 않는 문제 해결을 도와줄 사람이 있습니까?

Can someone help me troubleshoot
why the video is lagging?

비디오가 지연되는 이유를 해결하는 데 누군가 도움을 줄 수 있습니까?

온라인 회의 중 스스로 해결할 수 없는 기술적인 문제나 어려움이 발생할 때마다 이 패턴을 사용할 수 있습니다.

Whatever ~.

뭐든 간에 ~.

Whatever *you do,*
please don't forget to submit your report
before the deadline.

무엇을 하든지 마감일 전에 보고서를 제출하는 것을 잊지 마십시오.

Whatever *the outcome may be,*
let's make sure we've done our best.

결과가 어떻게 되든 최선을 다합시다.

Whatever *issues you're facing,*
don't hesitate to reach out to the support
team.

직면한 문제가 무엇이든 주저하지 말고 지원팀에 문의하세요.

Whatever *questions you have,*
feel free to ask them now or later via email.

어떤 질문이든지 지금 또는 나중에 이메일을 통해 자유롭게 질문하십시오.

Whatever *suggestions you may have,*
we're open to hearing them and discussing
them further.

귀하의 제안이 무엇이든 우리는 그 제안을 듣고 더 논의할 준비가 되어 있습니다.

---

submit 제출하다   face 직면하다   via email 이메일로

온라인 회의 중 다양한 상황에서 이 패턴을 사용할 수 있습니다. 조언을 하거나 제안을 할 때, 또는
의견을 표현할 때 사용해 보세요.

As part of ~.

~의 일부로서.

As part of *our ongoing efforts to improve customer satisfaction, we have implemented a new feedback system.*

고객 만족도 향상을 위한 지속적인 노력의 일환으로 새로운 피드백 시스템을 구현했습니다.

As part of *the project timeline, we need to complete the design phase by the end of the month.*

프로젝트 일정의 일부로 이달 말까지 설계 단계를 완료해야 합니다.

As part of *the budget review, we will be analyzing our expenses from the previous quarter.*

예산 검토의 일환으로 이전 분기의 비용을 분석할 것입니다.

As part of *our team's responsibility, we need to ensure that all project deadlines are met.*

우리 팀의 책임의 일환으로 우리는 모든 프로젝트 마감일을 준수해야 합니다.

As part of *the marketing strategy, we plan to launch a social media campaign next week.*

마케팅 전략의 일환으로 다음 주에 소셜 미디어 캠페인을 시작할 계획입니다.

improve 개선하다

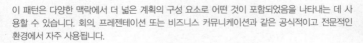 이 패턴은 다양한 맥락에서 더 넓은 계획의 구성 요소로 어떤 것이 포함되었음을 나타내는 데 사용할 수 있습니다. 회의, 프레젠테이션 또는 비즈니스 커뮤니케이션과 같은 공식적이고 전문적인 환경에서 자주 사용됩니다.

Date. .

☐ ☐ ☐

Whenever ~.

~을 할 때 마다.

Whenever *you have a question, feel free to raise your hand.*

질문이 있으시면 언제든지 손을 들어 주십시오.

Whenever *we encounter a technical difficulty, let's contact the IT support team.*

기술적인 문제가 발생할 때마다 IT 지원팀에 연락합시다.

Whenever *someone new joins the meeting, please introduce yourself briefly.*

새로운 사람이 회의에 참여할 때마다 간단히 자기소개를 해주세요.

Whenever *we discuss sensitive topics, let's ensure that everyone feels comfortable.*

민감한 주제를 논의할 때마다 모두가 편안하게 느끼도록 합시다.

Whenever *we run out of time, we can continue the discussion in our next meeting.*

시간이 부족할 때마다 다음 회의에서 토론을 계속할 수 있습니다.

---

raise 올리다   run out of time 시간이 없다

 온라인 회의나 무언가를 반복적이고 일관되게 수행해야 함을 전달하려는 상황에서 이 패턴을 사용할 수 있습니다.

The staff is undergoing ~.

직원이 ~을 겪고 있습니다.

The staff is undergoing *training to improve their customer service skills.*

직원들은 고객 서비스 기술을 향상시키기 위해 교육을 받고 있습니다.

The staff is undergoing *a review of the company's policies and procedures.*

직원은 회사의 정책 및 절차를 검토하고 있습니다.

The staff is undergoing *a restructuring to better align with the company's goals.*

직원들은 회사의 목표에 더 잘 부합하도록 구조 조정을 겪고 있습니다.

The staff is undergoing *a performance evaluation to determine areas for improvement.*

직원들은 개선이 필요한 부분을 결정하기 위해 성과 평가를 받고 있습니다.

The staff is undergoing *a health and safety training to ensure compliance with regulations.*

직원은 규정 준수를 확인하기 위해 건강 및 안전 교육을 받고 있습니다.

---

procedure 절차   compliance 준수

이 패턴은 조직 내 직원 그룹에 영향을 미치는 일이나 이벤트가 진행 중일때 쓰입니다. 계획된 활동이나 변경 사항을 설명할 때도 사용할 수 있습니다.

026

A : **I'm having trouble** *sharing my screen.*

B : Did you click on the share screen button at the bottom of the screen?

......

A : **I'm having trouble** *hearing you.*

B : Can you check your audio settings to make sure your microphone is turned on?

at the bottom 아래 쪽   turn on 켜다

027

A : **Can someone help me troubleshoot** *why my webcam isn't working?*

B : Have you tried unplugging it and plugging it back in?

......

A : **Can someone help me troubleshoot** *why I can't hear anyone?*

B : Have you checked your audio settings to make sure your speakers are turned on?

work 작동하다   unplug 플러그를 빼다

028

A : **Whatever** *the reason, our sales have been declining consistently over the past few months.*

B : **Whatever** *it takes,* we need to turn things around quickly before it's too late.

......

A : **Whatever** *the outcome may be,* we need to be prepared for the worst-case scenario.

B : **Whatever** *challenges we face,* we'll find a way to overcome them together as a team.

consistently 꾸준히   overcome 극복하다

026 A : 내 화면을 공유하는 데 문제가 있습니다. B : 화면 하단에 있는 화면 공유 버튼을 눌렀나요? | A : 당신의 말을 잘 듣지 못하겠습니다. B : 마이크가 켜져 있는지 오디오 설정을 확인할 수 있습니까? **027** A : 누군가 내 웹캠이 작동하지 않는 문제를 해결하는 데 도움을 줄 수 있습니까? B : 플러그를 뽑았다가 다시 꽂아 보셨나요? | A : 누구의 소리도 들리지 않는 문제를 해결하는 데 도움을 줄 수 있습니까? B : 스피커가 켜져 있는지 오디오 설정을 확인했습니까? **028** A : 이유 가 무엇이든 지난 몇 달 동안 우리의 판매가 지속적으로 감소했습니다. B : 무슨 일이 있어도 너무 늦기 전에 빨리 상황을 반전시켜야 합니다. | A : 결과가 어떻든 최악의 시나리오에 대비해야 합니다. B : 어떤 어려움에 직면하든 팀으로서 함께 극복할 방법을 찾을 것입니다.

029

A : **As part of** *the new safety protocols, we need to ensure that all employees wear masks while on company premises.*

B : Understood, we will communicate this requirement to all staff members and make sure they comply.

......

A : **As part of** *the budget review, we need to identify areas where we can cut costs.*

B : I suggest we start by analyzing our expenses for office supplies and equipment.

implement 실행하다   office supplies 사무용품

030

A : **Whenever** *we schedule a meeting, let's make sure to include all relevant stakeholders.*

B : That's a great suggestion.

......

A : **Whenever** *we make a decision, let's take the time to consider all the potential outcomes.*

B : Absolutely.

relevant 관련있는   outcome 결과

031

A : I just wanted to remind you that **the staff is undergoing** *a cybersecurity training this afternoon.*

B : Thanks for the reminder.

......

A : As you all know, **the staff is undergoing** *a performance evaluation this week*. I wanted to emphasize that this is an important opportunity for us to identify areas for improvement.

B : That's a great point.

---

029 A : 새로운 안전 규약의 일환으로 모든 직원이 회사 구내에 있는 동안 마스크를 착용하도록 해야 합니다. B : 알겠습니다. 이 요구 사항을 모든 직원에게 전달하고 준수하도록 할 것입니다. | A : 예산 검토의 일환으로 비용을 절감할 수 있는 영역을 파악해야 합니다. B : 사무용품과 장비에 대한 비용을 분석하는 것으로 시작하는 것을 제안 드립니다. **030** A : 회의 일정을 잡을 때마다 관련 이해관계자를 모두 포함시키도록 합시다. B : 좋은 제안이네요. | A : 결정을 내릴 때마다 모든 잠재적인 결과를 고려하는 시간을 가집시다. B : 물론입니다. **031** A : 직원들이 오늘 오후에 사이버 보안 교육을 받고 있음을 상기시켜 드리고 싶었습니다. B : 상기시켜줘서 고맙습니다. | A : 다들 아시다시피 이번 주에 스태프들이 수행평가를 받고 있어요. 저는 이것이 우리가 개선할 영역을 식별할 수 있는 중요한 기회라는 점을 강조하고 싶었습니다. B : 좋은 지적입니다.

Part

2

전화(비대면) 업무 처리 패턴

전화로 통화할 때는 상대의 표정을 볼 수 없기 때문에 문제가 될 거라고 생각하지도 못한 오해가 의사소통 중에 생겨 당혹스러울 수도 있습니다. 또 Hi, I'm ~.과 같이 일상 회화에서 쓰는 표현보다는 정중한 표현을 써야 하므로 어휘 선택에 더 신중해야 하지요. 그렇다고 해서 비즈니스 전화 통화가 특별히 어려운 것은 아닙니다. 정중하게 인사하고 이름과 소속 부서를 밝힌 후, 전화를 연결해 달라고 하거나 메모를 남겨 달라고 하는 전형적인 시나리오가 있기 때문이죠. 이 간단한 틀만 패턴으로 익히면 누구든 영어로 전화 통화를 할 수 있습니다.

Chapter 05

전화 걸어 용건 말하기

이번 Chapter에서는 전화를 걸어 자기소개를 하고 용건을 말할 때 쓰는 패턴을 익혀 봅니다. 그 외에도 회신 전화를 할 때, 상대가 부재중일 때, 바빠서 전화를 받을 수 없을 때 등 다양한 상황의 표현을 연습해 봅시다.

032 This is ~ from ~.

033 May I speak to ~?

034 I'm calling (about/to) ~.

035 Can I leave a message ~?

036 I'm returning a call from ~.

037 Can I call you back ~?

038 I have a question (about) ~.

039 Could you tell me ~?

040 Could you repeat ~?

This is ~ from ~.

~에서 근무하는 ~입니다, ~출신 ~입니다.

This is *Allen* from *India.*

인도에서 온 앨런입니다.

This is *Deborah* from *Samsung.*

삼성의 데보라입니다.

This is *Richmond* from *the Personnel Department.*

인사과의 리치몬드입니다.

This is *Cindy* from *Japan.*

일본에서 온 신디입니다.

This is *Adam* from *T Cosmetics.*

T코스메틱스의 아담입니다.

Personnel Department 인사과 cosmetics 화장품

이 패턴은 전화상에서 자신의 소속과 이름을 밝힐 때 사용합니다. This is 다음에는 이름을, from 뒤에는 소속을 말하면 되지요. 통화 중에 자신이 누구인지 말할 때는 I am ~. 이 아니라 This is ~. 라고 말한다는 점에 유의하세요.

May I speak to ~?

~와 통화할 수 있을까요?

May I speak to
the editor?

편집자와 통화할 수 있을까요?

May I speak to
your supervisor?

상사분과 통화할 수 있을까요?

May I speak to
the regional manager?

지역 책임자 분과 통화할 수 있을까요?

May I speak to
someone about a business loan?

사업 대출 건에 대해서 누군가와 통화할 수 있을까요?

May I speak to *somebody who is knowledgeable about it*?

그것에 대해 잘 알고 계신 분과 통화할 수 있을까요?

editor 편집자 supervisor 상사 regional 지역의 loan 대출 knowledgeable 지식이 있는

이 패턴은 통화하고 싶은 사람을 바꿔 달라고 할 때 사용합니다. May I ~? 대신 Can I ~?라고 해도 됩니다. 이때 '~와 이야기하다'는 speak with가 아니라 speak to라고 한다는 점에도 주의하세요.

Date. . . □ □ □

I'm calling (about/to) ~.

~ (때문에/하려고) 전화 드렸습니다.

I'm calling about
your Instagram post.

인스타그램 게시물 때문에 전화 드렸습니다.

I'm calling about
your office's location.

사무실 위치 때문에 전화 드렸습니다.

I'm calling to ask about
your product lineup.

제품 라인업에 대해 여쭤 보려고 전화 드렸습니다.

I'm calling to ask about
your marketing strategy.

귀사의 마케팅 전략에 대해 여쭤 보려고 전화 드렸습니다.

I'm calling to *let you know*
that we're closed tomorrow.

저희가 내일은 휴무임을 알려드리려고 전화 드렸습니다.

---

post 게시물 location 위치 marketing strategy 마케팅 전략

 전화를 건 목적, 즉 용건을 밝힐 때 사용하는 대표 패턴입니다. 단, to 다음에는 동사원형이 오고, about 다음에는 명사가 온다는 점에만 주의하세요.

Can I leave a message ~?

메시지를 남겨도 될까요?

Can I leave a message *via Instagram?*

인스타그램에 메시지를 남겨도 될까요?

Can I leave a message *since he's in a meeting?*

그분이 회의 중이시니 메시지를 남겨도 될까요?

Can I leave a message *for him about this weekend?*

이번 주말에 대해 그에게 메시지를 남겨도 될까요?

Can I leave a message *if he doesn't answer my phone call?*

그분이 제 전화를 받지 않으면 메시지를 남겨도 될까요?

Can I leave a message *for the person in charge of the project?*

프로젝트 담당자에게 메시지를 남겨도 될까요?

the person in charge 담당자

통화하고 싶은 사람이 자리를 비워 전화 건 용건이나 회신 전화를 부탁하는 메시지를 남기고자 할
때 사용하는 표현입니다. Can I ~? 대신에 May I ~?라고 말해도 됩니다.

I'm returning a call from ~.

~가 전화 주셔서 회신 드립니다.

I'm returning a call from *a reporter.*

어떤 기자분이 전화 주셔서 회신 드립니다.

I'm returning a call from *Jeff Dartnell.*

제프 다트넬이 전화해서 회신 드립니다.

I'm returning a call from *a maintenance man.*

유지 보수부 직원분이 전화 주셔서 회신 드립니다.

I'm returning a call from *my agent, Brook Lopez.*

제 에이전트인 브룩 로페즈가 전화해서 회신 드립니다.

I'm returning a call from *Mr. Morishida, who called me earlier today.*

오늘 일찍 모리시다 씨가 전화해서 회신 드립니다.

---

reporter 기자 maintenance man 유지 보수부 직원 agent 에이전트(대리인)

이 패턴은 부재중 전화에 대한 회신 전화를 걸 때 사용합니다. 전화를 준 상대방의 이름은 from 뒤에 밝히면 되지요. I return ~.이 아니라 I'm returning ~.이라고 한다는 것을 알아 두세요.

Can I call you back ~?

다시 전화 드려도 될까요?

Can I call you back *next month*?

다음 달에 다시 전화 드려도 될까요?

Can I call you back *after the meeting*?

회의 후에 다시 전화 드려도 될까요?

Can I call you back *from a different line*?

다른 전화로 다시 전화 드려도 될까요?

Can I call you back *after I finish my work*?

일을 끝낸 후에 다시 전화 드려도 될까요?

Can I call you back *at the end of the month*?

이달 말에 다시 전화 드려도 될까요?

---

different line 다른 선[전화]   **at the end of the month** 이번 달 말에

통화하고 있는 상대가 바쁘거나 부재중일 때 나중에 전화하겠다는 의미로 사용하는 패턴입니다.
대개 later, tomorrow, in ten minutes처럼 시간을 나타내는 말과 함께 씁니다.

I have a question (about) ~.

~ (에 대해) 질문이 있어요.

I have a question.

질문이 있어요.

I just have a question about *the report.*

그 보고서에 대해 질문이 생겼어요.

I have some questions about *the next meeting.*

다음 회의에 대해 질문이 좀 있어요.

I have a question about *him.*

그 사람에 대해 질문이 있어요.

I have a question about *the agenda.*

그 안건에 대해 질문이 있어요.

---

agenda 안건

 이 패턴은 구체적인 질문을 하기에 앞서 질문이 있다는 운을 뗄 때 사용합니다. about 뒤에는 the software, our meeting과 같이 구체적인 질문 내용을 말하면 됩니다.

Could you tell me ~?

~을 알려 주시겠어요?

Could you tell me *about your schedule*?

일정을 알려 주시겠어요?

Could you tell me *its model number*?

그것의 모델 번호를 알려 주시겠어요?

Could you tell me *your email address*?

이메일 주소를 알려 주시겠어요?

Could you tell me *your phone number*?

전화번호를 알려 주시겠어요?

Could you tell me *the number of employees on the staff*?

직원 수를 알려 주시겠어요?

the number of ~의 수　employee 직원　on the staff 직원으로 있는

상대방에게 특정한 정보를 물어볼 때 쓰는 패턴 표현입니다. 전화한 사람의 이름이나 연락처 등을
알려 달라고 할 때도 사용합니다. tell 대신 give를 써도 됩니다.

Could you repeat ~?

~을 다시 말씀해 주시겠어요?

Could you repeat *your question*?

질문을 다시 말씀해 주시겠어요?

Could you repeat *your name*?

이름을 다시 말씀해 주시겠어요?

Could you repeat *your date of birth*?

생년월일을 다시 말씀해 주시겠어요?

Could you repeat *what you just heard*?

방금 들으셨던 것을 다시 말씀해 주시겠어요?

Could you repeat *your account number*?

계좌 번호를 다시 말씀해 주시겠어요?

account number 계좌번호

통화 상태가 좋지 않거나 상대방의 말을 알아듣지 못했을 때 사용하는 패턴 표현입니다. Could you please repeat ~?과 같이 please를 넣어서 말하면 더 정중한 표현이 됩니다.

032

A : Hello, **this is** *Kane* **from** *Walt Disney*.

B : Hi, Kane! How're you?

......

A : **This is** *Howard* **from** *ABC Electronics*.

B : Hi. How can I help you?

033

A : **May I speak to** *Mr. Han*?

B : Speaking.

......

A : **May I speak to** *someone in charge*?

B : Sorry, but he's out of office now.

in charge 담당인   out of office 사무실에 없는

034

A : SG Electronics.

B : **I'm calling to** *see how satisfied you are with our service*.

......

A : **I'm calling to** *place an order*.

B : How many units do you need?

satisfied 만족스러운   place an order 주문하다

032 A : 여보세요. 월트 디즈니의 케인인데요. B : 안녕하세요. 케인!! 어떻게 지내세요? | A : ABC 전자의 하워드입니다. B : 안녕하세요. 어떻게 도와드릴까요? **033** A : 한 씨와 통화할 수 있을까요? B : 전데요. | A : 담당자와 통화할 수 있을까요? B : 죄송하지만, 지금 사무실에 안 계십니다. **034** A : SG 전자입니다. B : 저희서비스에 대한 만족도를 알아보려고 전화 드렸습니다. | A : 주문하려고 전화 드렸습니다. B : 몇 개가 필요하세요?

035

A : He's in a meeting now.

B : **Can I leave a message** *for him*?

......

A : **Can I leave a message** *on your cell phone*?

B : No problem.

036

A : This is Jerry Grossman. **I'm returning a call from** *Maria*.

B : She's in the visitors' area, Dr. Grossman. I'll get her.

......

A : **I'm returning a call from** *an unknown number*.

B : This is Jeff. My number has changed.

037

A : I'm calling about the email you sent me this morning.

B : Sorry. I'm really busy at this moment. **Can I call you back** *later today*?

......

A : **Can I call you back** *later*?

B : No problem. I'll be in the office all afternoon.

---

035 A : 그분은 지금 회의 중이십니다. B : 그 분께 메시지를 남겨도 될까요? | A : 당신의 휴대 전화에 메시지를 남겨도 될까요? B : 그럼요. **036** A : 제리 그로스만입니다. 마리아가 전화해서 회신 드립니다만. B : 지금 대기실에 있는데요. 그로스만 박사님. 제가 가서 데려올게요. | A : 모르는 번호가 찍혀 있어서 회신 드립니다. B : 제프입니다. 번호가 바뀌었어요. **037** A : 오늘 아침에 제게 보내신 이메일 때문에 전화 드렸어요. B : 죄송한데요, 지금은 아주 바쁘네요. 제가 오늘 중으로 이따가 다시 전화 드려도 될까요? | A : 나중에 다시 전화드려도 될까요? B : 그럼요. 오후 내내 사무실에 있을 거예요.

038

A : Hi, Liz. I *just* **have a** *quick* **question about** *the software you installed yesterday.*

B : Hi, Dan. What is your question?

......

A : **I have a question about** *your academic background.*

B : Oh, I graduated from Emory University.

install 설치하다　academic background 학력　graduate from ~를 졸업하다

039

A : Yes, please. Could you ask her to call me back?

B : Certainly. **Could you tell me** *your name again, please?*

......

A : **Could you tell me** *your specialty?*

B : I majored in computer science.

specialty 전공　major in ~를 전공하다

040

A : Sorry. **Could you repeat** *that, please?*

B : I said the serial number is TX4050.

......

A : **Could you repeat** *your question?*

B : Where's the head office located?

serial number 일련번호　head office (= main office) 본사

038 A : 안녕하세요, 리즈, 어제 설치해 준 소프트웨어에 대해 급한 질문이 생겼는데요. B : 안녕하세요, 댄. 질문이 뭔데요? | A : 학력에 대해 질문이 있는데요. B : 아, 저는 에모리 대학교를 졸업했어요. **039** A : 네, 부탁드립니다. 제게 회신해 달라고 전해 주시겠어요? B : 그럼요. 성함을 다시 알려 주시겠어요? | A : 전공 분야를 알려 주시겠어요? B : 저는 컴퓨터 공학을 전공했습니다. **040** A : 죄송합니다. 다시 말씀해 주시겠어요? B : 일련번호가 TX4050이라고 말씀드렸어요. | A : 질문을 다시 말씀해 주시겠어요? B : 본사가 어디에 있죠?

Pattern 041-049

Chapter 06

전화 응대하기

이번에는 걸려오는 전화를 받았을 때 응대하는 표현을 패턴으로 익혀 봅니다. 이런 경우는 크게 두 가지로 나뉘는데요. 나에게 온 전화를 받을 때와 남에게 온 전화를 받을 때지요. 이 두 가지 경우에 사용하는 패턴만 연습하면 외국인에게 갑자기 전화가 와도 노련하게 대응할 수 있을 거예요.

041 This is ~ speaking. How can I help you?

042 I'll connect you to ~.

043 I'm afraid ~.

044 Hold on.

045 Shall I ~?

046 Did you say ~?

047 What's the problem with ~?

048 May I take a message ~?

049 Could you please provide me with some more details about ~?

This is ~ speaking. How can I help you? ~입니다. 무엇을 도와드릴까요?

This is *Jane Galt* speaking. How can I help you?

제인 갤트입니다. 무엇을 도와드릴까요?

This is *Scott from the Sales Department* speaking. How can I help you?

판매부의 스콧입니다. 무엇을 도와드릴까요?

This is *Sally Woods from Happy Gallery* speaking. How can I help you?

해피 갤러리의 샐리 우즈입니다. 무엇을 도와드릴까요?

This is *Lewis Gibbs from the Hill Production Company* speaking. How can I help you?

힐 프로덕션사의 루이스 깁스입니다. 무엇을 도와드릴까요?

This is *Michelle from the customer service center* speaking. How can I help you?

고객 서비스센터의 미셸입니다. 무엇을 도와드릴까요?

Sales Department 판매부   customer service center 고객 서비스센터

이 패턴은 전화를 받는 사람이 전화를 건 사람에게 전화 건 용건을 물을 때 사용합니다. How can I help you? 대신 What can I do for you?라고 해도 됩니다. 전화 통화 시에 내가 누구인지 밝힐 때는 This is ~.나 This is ~ speaking.이라고 말한다는 것을 꼭 기억해 두세요.

I'll connect you to ~.

~로 연결해 드리겠습니다.

I'll connect you to *his other line.*

그분의 다른 회선으로 연결해 드리겠습니다.

I'll connect you to *the factory office.*

공장 사무실로 연결해 드리겠습니다.

I'll connect you to *the project manager.*

프로젝트 관리자에게 연결해 드리겠습니다.

I'll connect you to *the Accounting Division.*

경리부로 연결해 드리겠습니다.

I'll connect you to *the Marketing Department.*

마케팅 부서로 연결해 드리겠습니다.

Accounting Division 경리부

 발신자를 통화하고 싶어 하는 사람과 연결해 줄 때 사용하는 패턴 표현입니다. connect someone to와 함께 put someone through to라는 패턴도 자주 사용합니다.

I'm afraid ~.

죄송하지만 ~.

I'm afraid *this printer's broken.*

죄송하지만 이 프린터가 고장 났습니다.

I'm afraid *he's talking to someone.*

죄송하지만 그분은 다른 분과 통화 중입니다.

I'm afraid *he was transferred to Busan.*

죄송하지만 그분은 부산으로 전근 가셨습니다.

I'm afraid *she's in a meeting with a client.*

죄송하지만 그분은 고객과 회의 중이십니다.

I'm afraid *he is not available at the moment.*

죄송하지만 그분은 지금 자리에 안 계십니다.

---

broken 고장난 be transferred to ~로 전근 가다 client 고객 at the moment 현재

이 패턴은 상대방의 용건을 들어줄 수 없을 때나 염려되는 일이 있을 때 사용합니다. I'm afraid
~로 말을 시작하면 상당히 예의 바른 표현이 됩니다. I'm afraid 대신 I'm sorry를 사용해도 됩
니다.

81

Hold on.

잠시만요.

Hold on. *He's coming.*

잠시만요. 지금 오네요.

Hold on. *I'll let you know.*

잠시만요. 알려 드릴게요.

Hold on. *I'll tell you his number.*

잠시만요. 그분의 전화번호를 알려 드릴게요.

Hold on. *I think she's still around.*

잠시만요. 아직 근처에 있을 거예요.

Hold on *a second.* *I'll ask someone else.*

잠시만 기다리세요. 다른 분에게 물어보겠습니다.

---

be around 근처에 있다

 상대방에게 전화를 끊지 말고 기다리라고 할 때 사용하는 표현입니다. Hold on.이라고만 해도 되고 a second나 a moment를 붙여 말해도 됩니다. Hang on a moment.라고도 말합니다.

Shall I ~?

~할까요?

Shall I *write an email to him*?

제가 그에게 이메일을 쓸까요?

Shall I *clean up the warehouse*?

제가 창고를 청소할까요?

Shall I *give you his email address*?

그의 이메일 주소를 알려 드릴까요?

Shall I *make some sandwiches for them*?

제가 그들에게 줄 샌드위치를 만들까요?

Shall I *arrange a meeting with the Advertising Department*?

제가 광고부와 회의를 잡을까요?

---

clean up 청소하다 **warehouse** 창고 **arrange** (일정을) 잡다 **Advertising Department** 광고부

이 패턴은 통화 중인 상대방에게 '그의 내선 번호(extension)를 알려 드릴까요?'와 같이 제안할 때 사용할 수 있습니다. 전화 대화 말고 일상적인 대화에서도 제안할 때 유용하게 쓸 수 있는 표현 이니 꼭 알아 두세요.

Did you say ~?

~라고 하셨죠?

Did you say *gate 14*?

14번 게이트라고 하셨죠?

Did you say *it's done*?

끝났다고 하셨죠?

Did you say *she's out sick*?

그분이 병가를 냈다고 하셨죠?

Did you say *the book is sold out*?

그 책이 품절되었다고 하셨죠?

Did you say
he'll be back on Tuesday?

그분이 화요일에 돌아올 거라고 하셨죠?

---

be done 끝나다

전화 건 상대방이 한 말을 다시 확인하고자 할 때 사용하는 패턴입니다. 상대방의 말을 못 알아들어서 다시 말해 달라고 할 때는 What did you say?라고 해도 되지만 이 표현은 가까운 사이에서 쓰세요.

What's the problem with ~?

~에 어떤 문제가 있나요?

What's the problem with *the product*?

제품에 어떤 문제가 있나요?

What's the problem with *my proposal*?

제 제안서에 어떤 문제가 있나요?

What's the problem with *their estimate*?

그들의 견적서에 어떤 문제가 있나요?

What's the problem with *its shipping date*?

그것의 배송일에 어떤 문제가 있나요?

What's the problem with *our network connection*?

우리 네트워크 연결에 어떤 문제가 있나요?

estimate 견적서   shipping date 배송일   network connection 네트워크 연결

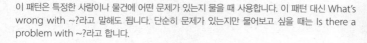 이 패턴은 특정한 사람이나 물건에 어떤 문제가 있는지 물을 때 사용합니다. 이 패턴 대신 What's wrong with ~?라고 말해도 됩니다. 단순히 문제가 있는지만 물어보고 싶을 때는 Is there a problem with ~?라고 합니다.

Date.

May I take a message ~?

~한 메시지를 남기시겠어요?

She is on another line.
May I take a message?

그분은 통화 중이신데요. 메시지를 남기시겠어요?

Cindy is not here right now.
May I take a message?

신디가 지금 여기에 없는데요. 메시지를 남기시겠어요?

The doctor is busy now.
May I take a message?

그 의사가 지금 바쁜데요. 메시지를 남기시겠어요?

May I take a message,
or would you like to call him back?

메시지를 남기시겠어요, 아니면 그에게 다시 전화하시겠어요?

Mr. Harden stepped out for a moment,
so may I take a message for him?

하든 씨가 잠시 자리를 비우셨으니, 메시지를 남기시겠어요?

---

step out 자리를 비우다   **call back** 다시 전화하다

전화를 건 사람에게 메시지를 남기겠냐고 물을 때 쓰는 패턴 표현입니다. Do you want to leave a message?라고 해도 됩니다. 더 공손하게 말하려면 May I take a message?라고 하세요.

□ □ □

Could you please provide me with some more details about ~?
~에 대해서 좀 더 자세히 알려주시겠어요?

Could you please provide me with some more details about *the product specifications*?

제품 사양에 대해서 좀 더 자세히 알려주시겠어요?

Can you provide me with some more details about *the services you offer*?

제공되는 서비스에 대해서 좀 더 자세히 알려주시겠어요?

Could you please provide me with some more details about *the pricing plans*?

가격 플랜에 대해서 좀 더 자세히 알려주시겠어요?

Can you provide me with some more details about *the delivery options*?

배송 옵션에 대해서 좀 더 자세히 알려주시겠어요?

Could you please provide me with some more details about *the application process*?

적용 프로세스에 대해서 좀 더 자세히 알려주시겠어요?

specification 사양 consist of ~로 구성되다 deliver 배달하다, 제공하다

이 영어 패턴은 전화로 누군가와 이야기하고 정보를 수집하거나 도움을 제공해야 하는 다양한 상황에서 사용할 수 있습니다.

041

A : Hi, I'd like to speak to Janet.

B : **This is *she* speaking. How can I help you?**

......

A : **This is *Dennis King from Human Resources* speaking. How can I help you?**

B : I wonder if I can get promoted next year.

Human Resources 인사과   get promoted 승진하다

042

A : Could you recommend a criminal lawyer in your firm?

B : Just a moment, sir. **I'll connect you to *Mr. Jones*.**

......

A : I have a problem with the phone I bought yesterday.

B : **I'll connect you to *the customer service center*.**

recommend 추천하다   criminal lawyer 형사 전문 변호사   firm 회사

have a problem with ~에 문제가 있다   customer service center 고객 서비스센터

043

A : I'd like to talk to Mr. Park about our monthly meeting.

B : **I'm afraid *he is on leave now*.**

......

A : **I'm afraid *this copier's broken*.**

B : When can you have it fixed?

on leave 휴가 중인   fix 고치다

---

041 A : 안녕하세요, 자넷과 통화하고 싶은데요. B : 전데요, 무엇을 도와 드릴까요? | A : 인사과의 데니스 킹입니다. 무엇을 도와드릴까요? B : 내년에 승진할 수 있을지 궁금합니다. **042** A : 사무소에서 형사전문 변호사 좀 추천해 주시겠어요? B : 잠시만요, 선생님. 존스 씨에게 연결해 드릴게요. | A : 어제 산 전화기에 문제가 있어요. B : 고객 서비스 센터로 연결해 드리겠습니다. **043** A : 월례 회의 때문에 미스터 박과 통화하고 싶은데요. B : 죄송하지만 그분은 현재 휴가 중인데요. | A : 죄송하지만 이 복사기가 고장 났습니다. B : 언제 고칠 수 있죠?

044

A : Well, I'm interested in model DX 5425. Could you tell me what the unit price is?

B : **Hold on** *a second. Let me check. That was the DX 5425, right?*

......

A : I've lost my laptop computer.

B : **Hold on.** *I'll find it.*

be interested in ~에 관심이 있다

A : **Shall I** *forward him the email?*

B : You don't have to.

......

A : **Shall I** *place an order?*

B : Hold on. We already ordered it yesterday.

forward 전송하다   place an order 주문하다

046

A : **Did you say** *she's out sick?*

B : She's suffering from the flu.

......

A : **Did you say** *ten days to two weeks?*

B : Yes, that's right.

be out sick 아파서 회사에 못 오다   suffer from ~로 고생하다

044 A : 저기, DX 5425 모델에 관심이 있는데요. 단가가 얼마인지 알려 주시겠어요? B : 잠시만 기다리세요. 확인해 볼게요. DX 5425가 맞으신 거죠? | A : 제 노트북 컴퓨터를 잃어버렸어요. B : 잠시만요. 제가 찾을게요. **045** A : 그에게 이메일을 전송할까요? B : 그럴 필요 없어요. | A : 제가 주문을 할까요? B : 잠시만요. 우리가 어제 이미 주문했네요. **046** A : 그분이 병가를 냈다고 하셨죠? B : 독감으로 고생 중입니다. | A : 10일에서 2주라고 하셨죠? B : 네, 맞아요.

047

A : **What's the problem with** *my proposal*?

B : It's full of typos.

......

A : **What's the problem with** *it*?

B : The volume button doesn't work. I can't raise or lower the volume.

be full of ~로 가득하다   work 작동하다   raise 올리다   volume 음량

048

A : *The doctor is on duty now.* **May I take a message?**

B : *Please tell him that* I'll be available tomorrow.

......

A : Could I speak to Amy Jones?

B : *She isn't here at the moment.* **May I take a message?**

on duty 근무 중인

049

A : Hi, I'm interested in your online course. **Could you provide me with some more details about** *the course schedule*?

B : Sure, the online course consists of six modules that are delivered over six weeks.

......

A : **Can you provide me with some more details about** *the pricing plans*?

B : Of course, we offer three different pricing plans for our services, depending on the level of support you need.

depending on ~에 따라서

047 A : 제 제안서에 어떤 문제가 있나요? B : 오타로 가득합니다. | A : 그것에 어떤 문제가 있는데요? B : 음량 버튼이 작동을 안 해요. 음량을 키우거나 줄일 수가 없어요. **048** A : 그 의사가 지금 근무 중이에요. 메시지를 남기시겠어요? B : 내일 제가 시간이 된다고 말씀 좀 해주세요. | A : 에이미 존스과 통화할 수 있을까요? B : 지금 여기 안 계신데요. 메시지를 남기시겠어요? **049** A : 안녕하세요, 귀하의 온라인 과정에 관심이 있습니다. 코스 일정에 대해 좀 더 자세히 알려주실 수 있나요? B : 물론이죠. 온라인 과정은 6주에 걸쳐 제공되는 6개의 모듈로 구성되어 있습니다. | A : 요금제에 대해 좀 더 자세히 알려주실 수 있나요? B : 물론, 필요한 지원 수준에 따라 서비스에 대해 세 가지 다른 요금제를 제공합니다.

Part

3

회의(화상 회의) 및
메신저 필수 패턴

아이디어를 나누거나 업무 상황을 보고하고 의견을 나누는 것이 회의를 하는 목적입니다. 회의에서 자신의 의견을 피력하는 것은 물론, 모든 사람들의 의견을 수렴하여 회의를 이끌어 나갈 수 있기까지 하다면 진정한 글로벌 비즈니스맨이라고 할 수 있겠죠? 이번 Part에서는 능동적인 참여자는 물론, 능수능란한 회의 주재자가 될 수 있는 실용적인 패턴을 모아 봤습니다. 최근 업무에 더 대중화 된 메신저에서 쓸 수 있는 패턴도 다양한 표현으로 제공합니다.

Chapter 07

회의 준비하기

회의를 주관하는 경우에는 미리 참가자들에게 회의의 목적과 일정에 대해 알리고 참석 여부를 확인해야 합니다. 이번 Chapter에서는 회의를 준비하는 과정에서 필요한 패턴을 익혀 봅시다.

- **050** We'll hold a meeting ~.
- **051** We're planning to ~.
- **052** ~ should be mentioned.
- **053** Can you make it to ~?
- **054** The purpose of the meeting is to ~.
- **055** Let's start with ~.

We'll hold a meeting ~.

~한 회의를 할 겁니다.

We'll hold a meeting *next month.*

다음 달에 회의를 할 겁니다.

We'll hold a meeting *on that issue.*

그 사안에 대해서 회의를 할 겁니다.

We'll hold a meeting *to discuss the project.*

프로젝트에 대해 논의하고자 회의를 할 겁니다.

We'll hold a meeting *to explain the product.*

제품 설명 회의를 할 겁니다.

We'll hold a meeting *to go over the results of the survey.*

설문 조사 결과 검토 회의를 할 겁니다.

explain 설명하다 **go over** 검토하다 **survey** 설문 조사

이 패턴은 회의 계획을 말할 때 사용하며, hold 대신 have 동사를 넣어 말해도 돼요. 이 패턴 뒤에 to부정사를 사용하여 회의의 목적을 설명할 수도 있습니다.

We're planning to ~. ~할 계획입니다.

We're planning to
create a new video conference system.

새로운 화상회의 시스템을 만들 계획입니다.

We're planning to
cancel the annual meeting.

연례 회의를 취소할 계획입니다.

We're planning to
sign up for the event.

그 행사에 신청할 계획입니다.

We're planning to
diversify our revenue streams.

수입 흐름을 다각화할 계획입니다.

We're planning to
hire more people for our research team.

우리 연구 팀에 몇 사람을 더 채용할 계획입니다.

---

create 만들어 내다 **annual** 매년의 **sign up for** ~을 신청하다 **diversify** 다양화하다 **revenue** 수입
stream 흐름 **hire** 고용하다

 이 패턴은 앞으로의 계획을 언급할 때 사용합니다. plan to ~는 '~할 계획이다'라는 뜻이지요.
We will ~.이나 We're going to ~. 또는 We're supposed to ~.라고 해도 됩니다.

~ should be mentioned.

~가 언급되어야 합니다.

The error
should be mentioned.

오류가 언급되어야 합니다.

Its design
should be mentioned.

그것의 디자인이 언급되어야 합니다.

Its weight
should be mentioned.

그것의 무게가 언급되어야 합니다.

Our sales figures
should be mentioned.

우리의 매출액이 언급되어야 합니다.

The marketing plan
should be mentioned.

마케팅 계획이 언급되어야 합니다.

---

sales figures 매출액

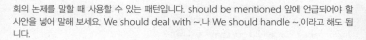

회의 논제를 말할 때 사용할 수 있는 패턴입니다. should be mentioned 앞에 언급되어야 할 사안을 넣어 말해 보세요. We should deal with ~.나 We should handle ~.이라고 해도 됩니다.

Can you make it to ~?

~에 참석할 수 있으세요?

Can you make it to
our booth today?

오늘 저희 부스로 오실 수 있으세요?

Can you make it to
the airport at 8:00?

8시에 공항으로 오실 수 있으세요?

Can you make it to
the electronics show?

가전제품 박람회에 참석하실 수 있으세요?

Can you make it to
my hotel tomorrow morning?

내일 아침에 호텔로 오실 수 있으세요?

Can you make it to
the conference if you're a guest speaker?

초청 연사라면 회의에 참석하실 수 있는 거죠?

---

conference 회의

 상대방에게 참석 여부를 물을 때 쓰는 패턴입니다. Can you attend ~?나 Can you take part in ~? 등으로 말할 수도 있겠지만, 구어에서는 make it이라고 하는 것이 가장 자연스럽습니다. 이때의 make it은 attend나 go, come 등의 의미로 쓰인 것입니다.

The purpose of the meeting is to ~.   회의의 목적은 ~하는 것입니다.

The purpose of the meeting is to *discuss overseas markets.*

회의의 목적은 해외 시장에 대한 논의 확대하는 것입니다.

The purpose of the meeting is to *discuss management issues.*

회의의 목적은 경영 문제를 논의하는 것입니다.

The purpose of the meeting is to *evaluate the current strategy.*

회의의 목적은 현재의 전략을 평가하는 것입니다.

The purpose of the meeting is to *determine the price of our new products.*

회의의 목적은 신제품의 가격을 정하는 것입니다.

The purpose of the meeting is to *provide some information about our marketing activities.*

회의의 목적은 마케팅 활동에 관한 정보를 제공하는 것입니다.

overseas 해외의   **evaluate** 평가하다   **determine** 결정하다   **provide** 제공하다

회의의 목적을 말할 때 쓰는 패턴입니다. 너무 딱딱하지 않게 말하려면 We are here to ~.나
The meeting is about ~.이라고 해도 됩니다. meeting 대신 presentation, workshop,
program 등의 단어를 넣어 다양하게 사용해 보세요.

Let's start with ~.

~부터 시작합시다.

Let's start with *the marketing issue.*

마케팅 사안부터 시작합시다.

Let's start with *the project schedule.*

프로젝트 일정부터 시작합시다.

Let's start with *introductions by everyone.*

다들 소개부터 시작합시다.

Let's start with *the first item on the agenda.*

안건에 있는 첫 번째 항목부터 시작합시다.

Let's start with
an introduction of our business.

사업 소개부터 시작합시다.

---

item 항목 introduction 소개

 이 패턴은 회의를 시작하면서 첫 번째 회의 안건을 언급할 때 사용할 수 있습니다. start 대신에 begin을 사용해도 좋습니다. Let's ~.는 제안할 때 사용하는데, 회의를 마치자고 할 때는 Let's wrap up the meeting.이라고 하면 됩니다.

050

A : I think we need to solve this issue.

B : **We'll hold a meeting** *on it*.

......

A : **We'll hold a meeting** *if you want*.

B : Let's communicate via email instead.

solve 해결하다　via email 이메일로　instead 대신에

051

A : **We're planning to** *call a meeting tonight*.

B : What's the meeting about?

......

A : **We're planning to** *expand our business*.

B : To where?

expand 확장하다

052

A : *Only technical issues* **should be mentioned**.

B : We only have to call engineers.

......

A : *Its price* **should be mentioned**.

B : I agree. It's not competitive.

technical issue 기술적인 문제　competitive 경쟁력이 있는

050 A : 이 사안을 해결해야 할 것 같아요. B : 그것에 대해 회의를 할 겁니다. | A : 원하시면 회의를 할 겁니다. B : 대신에 이메일로 연락합시다. **051** A : 오늘 저녁에 회의를 소집할 계획이에요. B : 무슨 회의인데요? | A : 사업을 확장할 계획입니다. B : 어디로요? **052** A : 기술적인 사안들만 언급되어야 합니다. B : 엔지니어들만 부르면 되겠네요. | A : 그것의 가격이 언급되어야 합니다. B : 맞아요. 경쟁력이 없어요.

99

053

A : **Can you make it to** *a meeting this afternoon*?

B : When will the meeting begin?

......

A : **Can you make it to** *our factory*?

B : Tell me how to get there.

get there 거기에 도착하다

054

A : **The purpose of the meeting is to** *discuss how to improve our working environment*.

B : How long will the meeting last?

......

A : **The purpose of the meeting is to** *confirm the schedule*.

B : The current schedule is too tight.

improve 개선하다   working environment 근무 환경   current 현재의

055

A : **Let's start with** *the financial issue*.

B : We are losing money.

......

A : **Let's start with** *the first item*. It is the issue of cost reductions in daily operations.

B : I understand you've prepared a report on this issue.

financial 재정적인   reduction 감소   operation 운영

053 A : 오늘 오후에 회의에 참석할 수 있나요? B : 회의가 언제 시작될 건데요? | A : 저희 공장에 오실 수 있으세요? B : 어떻게 가는지 알려 주세요. **054** A : 회의의 목적은 우리의 근무 환경을 개선하는 방법을 논의하는 것입니다. B : 회의가 얼마나 걸릴까요? | A : 회의의 목적은 일정을 확정하는 것입니다. B : 현재 일정은 너무 빡빡합니다. **055** A : 재정 문제부터 시작합시다. B : 우리는 손해를 보고 있어요. | A : 첫 번째 항목부터 시작합니다. 일상적인 운영에 들어가는 비용 절감 사안입니다. B : 이 사안에 대해서 보고서를 준비하신 것으로 알고 있는데요.

Chapter 08

회의하기

이번 Chapter에서는 회의에 들어가 사용할 수 있는 패턴을 익혀 봅니다. 상대의 의견을 묻거나 아이디어를 제안하거나 반대 의견을 제시하는 등 회의에서 의견을 피력할 때 꼭 필요한 기본적인 표현들을 알아볼까요?

056 What's your opinion on ~?

057 I suggest (that) ~.

058 So what you're saying is ~?

059 It seems to me that ~.

060 Perhaps we should think about ~.

061 That may be right, but ~.

062 We see no alternative but to ~.

063 Please let me finish ~.

064 Can I say something about ~?

065 When is ~ scheduled to finish?

What's your opinion on ~? ~에 대한 당신의 의견은 어떤가요?

What's your opinion on *his behavior*?

그의 행동에 대한 당신의 의견은 어떤가요?

What's your opinion on *my proposal*?

제 제안서에 대한 당신의 의견은 어떤가요?

What's your opinion on *our expansion*?

우리의 (사업) 확장에 대한 당신의 의견은 어떤가요?

What's your opinion on *her suggestion*?

그녀의 제안에 대한 당신의 의견은 어떤가요?

What's your opinion on *the customer's complaint*?

고객 불만 사항에 대한 당신의 의견은 어떤가요?

---

behavior 행동 expansion 확장 complaint 불만

특정한 주제나 사안에 대해 상대방의 의견을 물을 때 쓰는 패턴입니다. opinion 다음에 on 대신 about을 사용해도 돼요. 비슷한 표현으로 What do you think about ~?이 있습니다.

I suggest (that) ~.

~을 제안합니다.

I suggest *building another factory*.

공장을 하나 더 건설할 것을 제안합니다.

I suggest *developing a new model*.

새로운 모델을 개발할 것을 제안합니다.

I suggest that *our budget be adjusted*.

예산을 조정할 것을 제안합니다.

I suggest that *you reconsider your decision*.

결정을 재고하실 것을 제안합니다.

I suggest that *we discuss this matter tomorrow*.

내일 이 문제를 논의할 것을 제안합니다..

---

budget 예산   adjust 조정하다   reconsider 재고하다   matter 문제

제안할 때 사용하는 패턴입니다. suggest 뒤에 that절이 올 때는 일반적으로 that절의 동사는
원형으로 사용하는 것이 원칙이에요. 동사원형 앞에 '~해야만 한다'라는 뜻의 should가 생략되
어 있다고 보기 때문입니다.

So what you're saying is ~?

그러니까 ~라는 겁니까?

So what you're saying is *he will leave the company*?

그러니까 그가 회사를 그만둘 거라는 겁니까?

So what you're saying is *your health is getting worse*?

그러니까 당신의 건강이 악화되고 있다는 겁니까?

So what you're saying is *the product must not be launched*?

그러니까 그 제품이 출시되어서는 안 된다는 겁니까?

So what you're saying is *they're complaining about the working environment*?

그러니까 그들이 근무 환경에 대해서 불평한다는 겁니까?

So what you're saying is *the company should pay for its employees' phone bill*?

그러니까 회사가 직원들의 통화료를 내주어야 한다는 겁니까?

---

get worse 악화되다   **launch** 출시하다   **complain about** ~에 대해 불평하다   **pay for** ~을 지불하다

 상대방의 말을 다시 한 번 정확히 짚고 넘어가고자 할 때 활용할 수 있는 패턴입니다. 좀 더 간단한 표현으로는 So your point is that ~?이 있습니다.

It seems to me that ~.

제가 보기에는 ~할 것 같습니다.

It seems to me that
we should diversify our products.

제가 보기에는 우리가 제품을 다양화해야 할 것 같습니다.

It seems to me that
their marketing is quite aggressive.

제가 보기에는 그들의 마케팅이 상당히 공격적인 것 같습니다.

It seems to me that
we should stop the free refill policy.

제가 보기에는 무료 리필 정책을 중단해야 할 것 같습니다.

It seems to me that *the color of the walls doesn't suit the office well.*

제가 보기에는 벽의 색상이 사무실과 잘 어울리지 않는 것 같습니다.

It seems to me that
their phones have more features than ours.

제가 보기에는 그들의 전화기가 우리 것보다 더 많은 특징을 가진 것 같습니다.

---

diversify 다양화하다　**aggressive** 공격적인　**suit** 어울리다　**feature** 특징

나의 의견을 조심스럽게 말할 때 쓰는 패턴입니다. to me를 빼고 It seems ~.라고만 해도 되고
To me, it seems ~.라고 순서를 바꿔 말해도 됩니다.

Date.

Perhaps we should think about ~.

~을 생각해 봐야 할지도 모릅니다.

Perhaps we should think about *her promotion.*

그녀의 승진에 대해 생각해 봐야 할지도 모릅니다.

Perhaps we should think about *our travel expenses.*

우리의 여행 비용에 대해 생각해 봐야 할지도 모릅니다.

Perhaps we should think about *the working conditions.*

작업 조건에 대해 생각해 봐야 할지도 모릅니다.

Perhaps we should think about *a more attractive website.*

더 매력적인 웹 사이트를 생각해 봐야 할지도 모릅니다.

Perhaps we should think about *a new mobile phone concept.*

새로운 휴대 전화 콘셉트를 생각해 봐야 할지도 모릅니다.

---

expense 비용   working conditions 작업 조건   attractive 매력적인

확실히 단언하는 것은 아니지만, 새로운 대안이나 가능성을 제시하고자 할 때 사용할 수 있는 패턴입니다. '아마도'라는 뜻의 perhaps를 덧붙여 말함으로써 너무 직접적으로 자신의 주장을 펴는 것을 피할 수 있습니다.

That may be right, but ~.

그럴 수도 있지만, ~.

That may be right, but
I don't want to be involved.

그럴 수도 있지만, 전 개입되고 싶지 않아요.

That may be right, but
we should double-check this amount.

그럴 수도 있지만, 이 금액을 재차 확인해 봐야 합니다.

That may be right, but
we should postpone the business trip.

그럴 수도 있지만, 우리는 출장을 연기해야 해요.

That may be right, but
dishwashers are not popular in Korea.

그럴 수도 있지만, 한국에서는 식기세척기가 인기 없어요.

That may be right, but
we need to promote it more aggressively.

그럴 수도 있지만, 우리는 그것을 더 공격적으로 홍보해야 해요.

involve 개입하다　double-check 재차 확인하다　postpone(= put off) 연기하다　business trip 출장
dishwasher 식기세척기　aggressively 공격적으로

이 패턴은 상대방의 의견을 존중한다는 전제 하에 내 의견을 조심스럽게 내놓고 싶을 때 사용할 수 있습니다. I suppose you're right, but ~.도 같은 뜻으로 사용할 수 있어요.

We see no alternative but to ~.

~하는 것 외에는 다른 대안이 없습니다.

We see no alternative but to *buy more laptops.*

노트북을 더 사는 것 외에는 다른 대안이 없습니다.

We see no alternative but to *stop its production.*

그것의 생산을 중단하는 것 외에는 다른 대안이 없습니다.

We see no alternative but to *put off the meeting.*

회의를 연기하는 것 외에는 다른 대안이 없습니다.

We see no alternative but to *repair the defective units.*

불량품을 수리하는 것 외에는 다른 대안이 없습니다.

We see no alternative but to *withdraw from the market.*

시장에서 철수하는 것 외에는 다른 대안이 없습니다.

laptop 노트북   withdraw 철수하다

선택의 여지가 없다고 말할 때 사용하는 것이 바로 이 패턴입니다. We have no choice but to ~.도 같은 의미예요. 이때 쓰인 but은 '~ 외에'라는 뜻입니다.

Please let me finish ~.

~을 마저 끝내게 해 주세요.

Please let me finish *the report.*

보고서를 마저 끝내게 해 주세요.

Please let me finish *my sentence.*

제 말을 마저 끝내게 해 주세요.

Please let me finish *the calculation.*

계산을 마저 끝내게 해 주세요.

Please let me finish *the survey first.*

우선 설문 조사를 마저 끝내게 해 주세요.

Please let me finish *the project first.*

우선 그 프로젝트를 마저 끝내게 해 주세요.

report 보고서   sentence 문장   calculation 계산

이 패턴은 어떤 일을 하다가 누군가에게 방해를 받았을 때 하던 일을 먼저 끝내게 해 달라는 의미로 사용할 수 있습니다. Please let me ~.에는 허락을 구한다는 뜻이 담겨 있으므로 상대방의 기분을 덜 상하게 할 수 있어요.

Date.

☐ ☐ ☐

Can I say something about ~?

~에 대해 한 말씀 드려도 될까요?

Can I say something about *your partner*?

당신의 동업자에 대해 한 말씀 드려도 될까요?

Can I say something about *our monitors*?

우리 모니터에 대해 한 말씀 드려도 될까요?

Can I say something about *the call center*?

콜센터에 대해 한 말씀 드려도 될까요?

Can I say something about *our new client*?

우리의 신규 거래처에 대해 한 말씀 드려도 될까요?

Can I say something about *your recruiting process*?

귀사의 신입 직원 채용 절차에 대해 한 말씀 드려도 될까요?

---

recruit 신입 직원을 채용하다

이 패턴은 어떤 사안에 대해 상대방에게 조언을 해주거나 내 의견을 말해도 되는지 물을 때 사용합니다. 일방적으로 내 의견을 말하겠다는 의미가 아니라 먼저 허락을 구한다는 의미가 들어 있어요.

When is ~ scheduled to finish?

~은 언제 끝날 예정입니까?

When is *the interview* scheduled to finish?

면접은 언제 끝날 예정입니까?

When is *the workshop* scheduled to finish?

워크숍은 언제 끝날 예정입니까?

When is *the discussion* scheduled to finish?

논의는 언제 끝날 예정입니까?

When is *the shareholders' meeting* scheduled to finish?

주주총회는 언제 끝날 예정입니까?

When is *the board of directors meeting* scheduled to finish?

경영진 회의는 언제 끝날 예정입니까?

---

interview 면접(cf. interviewer 면접관 interviewee 면접자) discussion 논의
shareholders' meeting 주주총회 board of directors 경영진

이 패턴은 끝나는 시간을 물을 때 사용합니다. When is ~ finished?가 When is ~ scheduled to finish?라고 해야 합니다. '끝난'이라는 뜻의 부사 over를 써서 When will ~ be over?라고 해도 돼요.

056

A : **What's your opinion on** *the project schedule*?

B : I think it's too loose.

......

A : **What's your opinion on** *its design*?

B : It looks complex.

loose 느슨한   complex 복잡한

057

A : Our new product is another failure. What's the problem?

B : **I suggest** *we do a customer survey*.

......

A : **I suggest** *using the company car*.

B : Thank you. It accommodates more people.

failure 실패   survey 설문 조사   accommodate 수용하다

058

A : **So what you're saying is** *he is too demanding*?

B : You can say that again.

......

A : I think we need to look for another vendor.

B : **So what you're saying is** *you're not satisfied with the current one*?

demanding 요구가 많은   vendor 판매업체

059

A : **It seems to me that** *their request is not reasonable*.

B : Yeah. Giving them refunds is impossible.

......

A : Many employees have been leaving the company.

B : **It seems to me that** *we need to improve our benefits package*.

056 A : 프로젝트 일정에 대한 당신의 의견은 어떤가요? B : 너무 느슨한 것 같은데요. | A : 그것의 디자인에 대한 당신의 의견은 어떤가요? B : 복잡해 보여요. **057** A : 우리 신제품이 또 실패예요. 문제가 뭘까요? B : 고객 설문 조사를 할 것을 제안합니다. | A : 회사 차를 사용할 것을 제안합니다. B : 고마워요. 더 많은 사람을 태울 수 있죠. **058** A : 그러니까 그가 너무 요구가 많다는 겁니까? B : 맞아요. | A : 업체를 하나 더 찾아봐야 할 것 같습니다. B : 그러니까 현재의 업체는 만족스럽지 않다는 겁니까? **059** A : 제가 보기에는 그들의 요구가 불합리한 것 같습니다. B : 맞아요. 환불은 불가능해요. | A : 많은 직원들이 회사를 떠나고 있어요. B : 제가 보기에는 복리 후생 제도를 개선할 필요가 있을 것 같아요.

060

A : **Perhaps we should think about** *finding another dealer.*

B : Why is that?

......

A : **Perhaps we should think about** *her proposal.*

B : But our dealer there is doing an excellent job.

do an excellent job 훌륭한 일을 하다

061

A : I think we need to retrain our workers.

B : **That may be right, but** *our products themselves are of poor quality.*

......

A : We've recently received a lot of complaints from our customers.

B : **That may be right, but** *some of them are false.*

062

A : **We see no alternative but to** *cancel the order.*

B : Please cancel it as soon as possible.

......

A : Our customers are complaining about defective products.

B : **We see no alternative but to** *dispatch our engineers to figure out what the problem is.*

defective 결함 있는   figure out 파악하다

063

A : I have no idea what you're talking about.

B : **Let me finish** *what I'm saying.*

......

A : So are you trying to say we should give you Saturdays off?

B : **Please let me finish** *what I'm trying to say first.*

---

060 A : 다른 중개인을 찾는 것을 생각해 봐야 할지도 몰라요. B : 그건 왜요? | A : 그녀의 제안서에 대해 생각해 봐야 할지도 모릅니다. B : 하지만 그곳의 중개인은 아주 잘하고 있는 걸요. **061** A : 직원들을 재교육시켜야 할 것 같아요. B : 그럴 수도 있지만 우리 제품 자체의 품질이 안 좋아요. | A : 최근에 고객들의 불평을 많이 받았습니다. B : 그럴 수도 있지만, 몇몇은 가짜예요. **062** A : 주문을 취소하는 것 외에는 다른 대안이 없습니다. B : 가능한 빨리 취소하세요. | A : 고객들이 불량품에 대해서 불평하고 있어요. B : 문제가 무엇인지를 파악하려면 엔지니어를 파견하는 것 외에는 다른 대안이 없어요. **063** A : 무슨 말씀을 하시는 건지 모르겠어요. B : 제가 하는 말을 끝내게 해주세요. | A : 그러면 토요일마다 여러분을 쉬게 해주어야 한다고 말하려는 건가요? B : 우선 제가 하려고 하는 말을 마저 끝내게 해주세요.

064

A : *Excuse me, but* **can I say something about** *it*?

B : Yes, go ahead.

......

A : But in the winter, I think you should plan for bad weather.

B : **Can I say something about** *it*?

go ahead 그렇게 하세요

065

A : It's already ten past three.

B : *Do you know* **when** *this meeting* **is scheduled to finish?**

......

A : Well, I need to attend another meeting at 4 o'clock.

B : **When is** *it* **scheduled to finish?**

---

064 A : 실례지만, 그것에 대해 한 말씀 드려도 될까요? B : 네, 하세요. | A : 하지만 겨울엔 악천후에 대비해 계획을 세우셔야 할 것 같은데요. B : 제가 그것에 대해 한 말씀 드려도 될까요? **065** A : 벌써 3시 10분이에요. B : 이 회의가 언제 끝날 예정인지 아세요? | A : 저, 4시에 다른 회의에 참석해야 하거든요. B : 언제 끝날 예정이죠?

114

Chapter 09

업무에 필요한 사항 논의하기

비즈니스는 기업과 기업 간의 협력, 또는 기업 내 구성원 간의 협력을 기반으로 합니다. 이번 Chapter에는 업무를 지시하거나 보고할 때, 부탁하거나 부탁을 정중히 거절할 때, 업무 관련 사항을 명확하게 알고자 질문할 때 유용하게 쓸 수 있는 패턴을 모아 봤습니다.

066 I'd like you to ~.

067 Are you done (with) ~?

068 ~ is behind(ahead of) schedule.

069 You don't have to worry about ~.

070 When should ~ be finished by?

071 It would be a huge help to ~.

072 Can you give me the rundown on ~?

073 I'm sorry to bother you, but ~.

074 It is important to ~.

075 I'm in a hurry to ~.

076 I have a problem with ~.

077 It is related to ~.

078 I'm sorry to ask you, but can we change ~?

079 Let's move on to ~.

I'd like you to ~.

당신이 ~해 주었으면 합니다.

I'd like you to *see the diagram.*

당신이 다이어그램을 봐 주었으면 합니다.

I'd like you to *measure its length.*

당신이 길이를 재 주었으면 합니다.

I'd like you to *meet with our clients.*

당신이 우리 고객들과 만나 주었으면 합니다.

I'd like you to *apply for the program.*

당신이 그 프로그램에 지원해 주었으면 합니다.

I'd like you to *interview the candidates.*

당신이 지원자들을 면접해 주었으면 합니다.

---

measure (크기, 길이, 무게 등을) 재다   **apply for** ~에 지원하다   **candidate** 지원자

상대방에게 일을 지시하거나 부드럽게 명령을 내리고 싶을 때 사용하는 패턴입니다. I'd like 대신에 I want를 사용해도 되지만, I want you to ~.보다는 I'd like you to ~.가 상대방의 기분이나 입장을 더 배려한 표현입니다.

Are you done (with) ~?

~은 끝났습니까?

Are you done with *the repairs*?

수리는 끝났습니까?

Are you done with *the phone*?

전화 통화는 끝났습니까?

Are you done with *your report*?

보고서 작성은 끝났습니까?

Are you done with *the proposal*?

제안서 작성은 끝났습니까?

Are you done with *your presentation*?

프레젠테이션 준비는 마쳤습니까?

repair 수리   **presentation** 프레젠테이션

이 패턴은 상대방의 업무 완료 여부를 확인할 때 사용합니다. 좀 더 상대방을 배려하면서 부드럽게 묻고 싶다면 I wonder if you're done with ~.라고 해도 좋습니다.

~ is behind(ahead of) schedule.

~ 일정이 예정보다
지연되고(빠르게 진행되고) 있어요.

The software development
is behind schedule.

소프트웨어 개발 일정이 예정보다 지연되고 있어요.

The economic recovery
is a little ahead of schedule.

경제 회복이 예정보다 조금 빠르게 진행되고 있어요.

The construction
is a month ahead of schedule.

건설이 일정보다 한 달 빠르게 진행되고 있어요.

The grand opening
is three months behind schedule.

개점이 일정보다 석 달 지연되고 있어요.

The production of the new medicine
is two weeks behind schedule.

신약 생산이 일정보다 2주 지연되고 있어요.

---

economic recovery 경제 회복   construction 공사   grand opening 개점   medicine 약

이 패턴은 일의 진행 상황을 알리고자 할 때 사용합니다. 일정보다 지연되고 있는 것은 behind schedule이라고 하고, 일정보다 빠른 것은 ahead of schedule이라고 합니다.

□ □ □

You don't have to worry about ~.   ~에 대해서는 걱정할 필요가 없습니다.

You don't have to worry about *commuting.*

출퇴근에 대해서는 걱정할 필요가 없습니다.

You don't have to worry about *the situation.*

그 상황에 대해서는 걱정할 필요가 없습니다.

You don't have to worry about *the due date.*

납기일에 대해서는 걱정할 필요가 없습니다.

You don't have to worry about *its resolution.*

그것의 해상도에 대해서는 걱정할 필요가 없습니다.

You don't have to worry about *the quality of the product.*

제품의 품질에 대해서는 걱정할 필요가 없습니다.

---

commuting 출퇴근(cf. commuting allowance 출퇴근 수당   rush hour 통근 시간)   situation 상황
due date(= deadline) 납기일   resolution 해상도

걱정하고 있는 상대방을 안심시키고자 할 때 사용하는 패턴입니다. have to 대신 need to를 사용하여 You don't need to worry about ~.이라고 하거나 간단하게 Don't worry about ~.이라고 해도 됩니다.

When should ~ be finished by?

~이 언제까지 끝나야 합니까?

When should *my speech* be finished by?

제 연설이 언제까지 끝나야 합니까?

When should *my presentation* be finished by?

제 프레젠테이션이 언제까지 끝나야 합니까?

When should *the financial report* be finished by?

회계 보고서가 언제까지 끝나야 합니까?

When should *the maintenance work* be finished by?

유지보수 작업이 언제까지 끝나야 합니까?

When should *the welcoming ceremony* be finished by?

환영회가 언제까지 끝나야 합니까?

speech 연설(cf. '연설'은 speech나 address라고 하는데, speech가 일반적으로 많이 쓰이는 용어이고 address는 중요한 행사의 공식 연설을 가리킵니다. '연설하다'는 make a speech 또는 deliver a speech라고 합니다.)

이 패턴은 기한을 물을 때 사용합니다. '언제까지'라는 기한은 by when이라고 하므로 finished 뒤에 by를 빼놓고 말하지 않도록 유의해야 합니다.

It would be a huge help to ~.
~에게/~하면 큰 도움이 될 겁니다.

It would be a huge help to
drive for me.
저 대신 운전을 해 주면 큰 도움이 될 겁니다.

It would be a huge help to
meet you there.
그곳에서 당신을 만나면 큰 도움이 될 겁니다.

It would be a huge help to
set up a booth there.
그곳에 부스를 설치하면 큰 도움이 될 겁니다.

It would be a huge help
for you to *join the team.*
당신이 팀에 합류하면 큰 도움이 될 겁니다.

It would be a huge help to
attend the meeting for me.
저 대신 회의에 참석해 주시면 큰 도움이 될 겁니다.

set up 설치하다

상대방의 도움에 감사하고 싶을 때는 Thank you for your help.라고 말할 수도 있지만, It would be a huge help ~로 더 정중하고 공손하게 말할 수도 있습니다.

Can you give me the rundown on ~?

~에 대해 설명 좀 해 주시겠어요?

Can you give me the rundown on the seminar?

세미나에 대해 설명 좀 해 주시겠어요?

Can you give me the rundown on the IT show?

정보통신 박람회에 대해 설명 좀 해 주시겠어요?

Can you give me the rundown on the program?

그 프로그램에 대해 설명 좀 해 주시겠어요?

Can you give me the rundown on the workshop?

워크숍에 대해 설명 좀 해 주시겠어요?

Can you give me the rundown on the qualifications I need for the job?

그 일에 필요한 자격 요건에 대해 설명 좀 해 주시겠어요?

IT show 정보통신 박람회   qualifications 자격 요건

이 패턴은 Can you explain to me ~?와 마찬가지로 설명을 요구할 때 사용합니다. rundown 은 '설명, 개요'라는 뜻이며 대신 overview를 넣어 말해도 됩니다.

I'm sorry to bother you, but ~.

귀찮게 해서 미안하지만, ~.

I'm sorry to bother you, but
could you treat them to dinner?

귀찮게 해서 미안하지만, 그들에게 저녁을 대접해 주실래요?

I'm sorry to bother you, but
could you proofread this report?

귀찮게 해서 미안하지만, 이 보고서의 교정을 봐 줄래요?

I'm sorry to bother you, but
could you drive them to their hotel?

귀찮게 해서 미안하지만, 그들을 호텔로 모셔다드려 줄래요?

I'm sorry to bother you, but
would you open the window for me?

귀찮게 해서 미안하지만, 저를 위해 창문 좀 열어 줄래요?

I'm sorry to bother you, but
could you repeat what you just said?

귀찮게 해서 미안하지만, 방금 말한 것을 다시 말해 줄래요?

treat 대접하다　proofread 교정하다

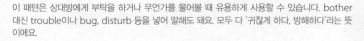

이 패턴은 상대방에게 부탁을 하거나 무언가를 물어볼 때 유용하게 사용할 수 있습니다. bother 대신 trouble이나 bug, disturb 등을 넣어 말해도 돼요. 모두 다 '귀찮게 하다, 방해하다'라는 뜻 이에요.

It is important to ~.

~하는 것이 중요합니다.

It is important to *know their thoughts.*

그들의 생각을 아는 것이 중요합니다.

It is important to *gain their confidence.*

그들의 확신을 얻는 것이 중요합니다.

It is important to *have our own system.*

우리만의 시스템을 갖는 것이 중요합니다.

It is important to *have the right program.*

제대로 된 프로그램을 갖는 것이 중요합니다.

It is important to *finish the experiment by next month.*

다음 달까지 실험을 마치는 것이 중요합니다.

---

confidence 확신

일의 우선순위를 말할 때 쓸 수 있는 패턴입니다. important 대신 necessary(필요한),
urgent(긴급한), dangerous(위험한) 등을 넣어 다양한 표현을 만들 수도 있어요.

I'm in a hurry to ~.

~하느라 바쁩니다.

I'm in a hurry to *meet a deadline.*

납기일을 맞추느라 바쁩니다.

I'm in a hurry to *arrange a meeting.*

회의 일정을 잡느라 바쁩니다.

I'm in a hurry to *prepare for a meeting.*

회의 준비를 하느라 바쁩니다.

I'm in a hurry to *write an urgent email.*

급한 이메일을 쓰느라 바쁩니다.

I'm in a hurry to
work on the annual budget.

연간 예산을 짜느라 바쁩니다.

meet a deadline 납기일을 맞추다(cf. miss a deadline 납기일을 못 맞추다)   prepare for ~를 준비하다
annual budget 연간 예산

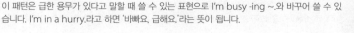 이 패턴은 급한 용무가 있다고 말할 때 쓸 수 있는 표현으로 I'm busy -ing ~.와 바꾸어 쓸 수 있습니다. I'm in a hurry.라고 하면 '바빠요, 급해요.'라는 뜻이 됩니다.

I have a problem with ~.   ~에 문제가 있습니다.

I have a problem with *my coworker.*

동료와 문제가 있습니다.

I have a problem with *my computer.*

제 컴퓨터에 문제가 있습니다.

I have a problem with *working with him.*

그와 함께 일하는 데 문제가 있습니다.

I have a problem with *fixing the program.*

프로그램을 고치는 데 문제가 있습니다.

I have a problem with *the conference room.*

회의실에 문제가 있습니다.

coworker (회사) 동료   **conference room** 회의실

 자신이 처한 어려움을 말할 때 사용하는 패턴입니다. problem 대신 trouble을 넣어 말해도 됩니다. 단, trouble을 쓸 때는 a trouble이 아니라 trouble만 사용해야 한다는 점을 잊지 마세요.

It is related to ~.

그것은 ~와 관련이 있어요.

It is related to *our brand image.*

그것은 우리 브랜드 이미지와 관련이 있어요.

It is related to *our market share.*

그것은 우리 시장 점유율과 관련이 있어요.

It is related to *family-run businesses.*

그것은 가족 중심 경영의 사업체들과 관련이 있어요.

It is related to *our organizational structure.*

그것은 우리 조직 구조와 관련이 있어요.

It is related to *our attitude toward our clients.*

그것은 고객을 대하는 우리 태도와 관련이 있어요.

market share 시장 점유율   family-run 가족 중심 경영의

이 패턴은 둘 이상의 사람이나 일의 관련성을 언급할 때 사용하는 패턴입니다. related 대신 connected를 사용해도 돼요. It has something to do with ~.로도 바꾸어 말할 수 있습니다.

I'm sorry to ask you, but can we change ~?

죄송합니다만,
~을 바꿔도 될까요?

I'm sorry to ask you, but can we change *the delivery date*?

죄송합니다만, 배송일을 바꿔도 될까요?

I'm sorry to ask you, but can we change *it to next Tuesday*?

죄송합니다만, 그것을 다음 주 화요일로 바꿔도 될까요?

I'm sorry to ask you, but can we change *my presentation topic*?

죄송합니다만, 제 프레젠테이션 주제를 바꿔도 될까요?

I'm sorry to ask you, but can we change *it to the end of this month*?

죄송합니다만, 그것을 이번 달 말로 바꿔도 될까요?

I'm sorry to ask you, but can we change *it to the day after tomorrow*?

죄송합니다만, 그것을 내일모레로 바꿔도 될까요?

---

presentation topic 프레젠테이션 주제   the day after tomorrow 내일모레

 미리 잡아 놓은 약속이나 일정을 불가피하게 변경해야 될 사정이 생겼을 때 사용할 수 있는 패턴입니다. I'm sorry 대신 I'm afraid를 써도 되고, 일정을 변경하는 경우엔 change 동사 대신 reschedule로 바꿔 말해도 돼요.

Let's move on to ~.

~로 넘어갑시다.

Let's move on to *the legal issue.*

법률적인 사안으로 넘어갑시다.

Let's move on to *the third issue.*

세 번째 사안으로 넘어갑시다.

Let's move on to *the next problem.*

다음 문제로 넘어갑시다.

Let's move on to *the marketing issue.*

마케팅 사안으로 넘어갑시다.

Let's move on to *the next item on the agenda.*

다음 의제로 넘어갑시다.

agenda 안건(목록)

이 패턴은 회의나 수업을 하면서 하던 이야기를 정리하고 다음 안건이나 화제로 넘어가고자 할 때 사용합니다. move on to something은 '(새로운 일이나 주제)로 넘어가다, 옮기다'라는 뜻이에 요.

066

A : *So* **I'd like you to** *take over his position.*

B : Give me some time to think it over.

......

A : **I'd like you to** *work in Egypt.*

B : Has Dennis resigned?

resign 그만두다

067

A : **Are you done with** *the survey*?

B : Yeah, that's why I have some free time right now.

......

A : **Are you done with** *your work*?

B : I'm almost done.

survey 설문조사   almost 거의

068

A : How's the development going?

B : *Actually*, it's **behind schedule**.

......

A : *The development* **is ahead of schedule**.

B : What good news!

069

A : I hear she's seriously ill.

B : **You don't have to worry about** *her*.

......

A : He's always late for work.

B : **You don't have to worry about** *him*. He's moving close to the office next month.

---

066 A : 그래서 그의 자리를 당신이 대신 맡아 주었으면 합니다. B : 생각할 시간을 좀 주세요. | A : 당신이 이집트에서 일해 주었으면 합니다. B : 데니스가 그만두었나요? **067** A : 설문조사는 끝났어요? B : 네, 그래서 제가 지금 자유 시간이 있는 거예요. | A : 일은 다 했습니까? B : 거의요. **068** A : 개발이 어떻게 진행되고 있어요? B : 사실, 일정이 지연되고 있어요. | A : 개발이 일정보다 빠르게 진행되고 있어요. B : 좋은 소식이네요! **069** A : 그녀가 많이 아프다고 하던데요. B : 그녀에 대해서는 걱정할 필요가 없습니다. | A : 그는 항상 지각을 해요. B : 그 사람에 대해서는 걱정할 필요가 없어요. 다음 달에 회사 가까이로 이사 올 거예요.

070

A : **When should** *this work* **be finished by?**

B : No worries. Jimmy will help you out.

......

A : **When should** *the survey* **be finished by?**

B : Next week.

071

A : I'll take care of it.

B : Thanks, Dennis. **It would be a huge help to** *me*.

......

A : **It would be a huge help to** *use it today*.

B : How kind of you!

072

A : Great! **Can you give me the rundown on** *the meeting later this afternoon*?

B : No problem, Mr. Smith.

......

A : **Can you give me the rundown on** *the project*?

B : It will be carried out next year.

073

A : He wants to renew our contract.

B : Great! **I'm sorry to bother you, but** *could you arrange a meeting with him*?

......

A : **I'm sorry to bother you, but** *could you put the meeting off*?

B : That would be impossible.

---

070 A : 이 일이 언제까지 끝나야 하나요? B : 걱정 말아요. 지미가 도와줄 거예요. | A : 설문 조사가 언제까지 끝나야 합니까? B : 다음 주까지요. **071** A : 제가 처리할게요. B : 고마워요, 데니스. 저에게 큰 도움이 되겠는데요. | A : 오늘 그것을 사용하면 큰 도움이 될 겁니다. B : 정말 친절하시네요! **072** A : 잘됐네요! 오늘 오후 늦게 그 회의에 대해 설명해 줄래요? B : 물론이죠, 스미스 씨. | A : 그 프로젝트에 대해 설명 좀 해 주시겠어요? B : 내년에 실행될 겁니다. **073** A : 그가 계약을 갱신하고 싶어 해요. B : 잘됐네요! 귀찮게 해서 미안하지만, 그 사람과 회의 일정을 잡아 줄래요? | A : 귀찮게 해서 미안하지만, 회의를 연기해 줄래요? B : 불가능할 것 같은데요.

074

A : So, what's your opinion?

B : **It's important to** *develop a small one.*

......

A : **It is important to** *review the report before submitting it.*

B : But we're running out of time.

075

A : **I'm in a hurry to** *write a proposal.*

B : When is it due?

......

A : I'm not familiar with this system. I need your help.

B : Sorry, but **I'm in a hurry to** *finish a report.*

due 만기의

076

A : You look depressed. What's wrong?

B : **I have a problem with** *Asada.*

......

A : **I have a problem with** *my boss.*

B : What is he like?

---

074 A : 그래서 당신의 의견은 뭐예요? B : 작은 것을 개발하는 것이 중요합니다. | A : 제출 전에 보고서를 검토하는 것이 중요합니다. B : 그런데 시간이 없어요. **075** A : 제안서를 쓰느라 바쁩니다. B : 언제가 만기일인데요? | A : 제가 이 시스템은 낯설거든요. 도움이 필요해요. B : 미안하지만, 제가 보고서를 끝내느라 바쁩니다. **076** A : 우울해 보이네요. 무슨 문제라도 있어요? B : 아사다와 문제가 있어요. | A : 상사와 문제가 있습니다. B : 성격이 어떤데요?

077

A : Our sales are falling. What's the problem?

B : **It's related to** *our poor management skills.*

......

A : **It is related to** *our stock price.*

B : Investors are now selling our stock.

stock price 주가   stock(= share) 주식(cf. stock market 주식 시장)

078

A : **I'm sorry to ask you, but can we change** *the workshop to a later date*?

B : No problem. What day do you have in mind?

......

A : **I'm sorry to ask you, but can we change** *this meeting room to a larger one*?

B : There's one on the 3rd floor.

079

A : *Well,* **let's move on to** *the next item, marketing budget.*

B : In fact, we have a very limited budget for it.

......

A : **Let's move on to** *the next issue.*

B : Sorry, but we're not done with the first one.

budget 예산

077 A : 매출이 떨어지고 있어요. 뭐가 문제죠? B : 그건 우리의 형편없는 관리 기술과 관련이 있어요. | A : 그것은 우리 주가와 관련이 있어요. B : 투자자들이 우리 주식을 팔고 있어요. **078** A : 죄송합니다만, 워크숍을 나중 날짜로 바꿔도 될까요? B : 괜찮습니다. 어떤 요일을 생각하고 계시는데요? | A : 죄송합니다만, 이 회의실을 더 넓은 장소로 바꿔도 될까요? B : 3층에 하나 있어요. **079** A : 음, 다음 항목인 마케팅 예산으로 넘어갑시다. B : 실은 그것에 대한 예산이 매우 부족해요. | A : 다음 사안으로 넘어갑시다. B : 죄송하지만, 첫 사안이 안 끝났어요.

4

협상(비대면 협상)을 위한 패턴

협상은 '비즈니스의 꽃'이라고 할 만큼 비즈니스에서 가장 크고 중요한 부분을 차지합니다. 의견 조율을 통해 서로가 원하는 것을 얻어 내는 고도의 심리전이 바로 협상이지요. 그래서 언어가 잘 통하지 않는 외국인과 협상을 하는 것은 특히 어려운 일입니다. 불분명하고 여러 가지 뜻으로 해석될 수 있는 말 한마디 때문에 협상이 성공할 수도 실패할 수도 있기 때문입니다. 이번 Part에서는 협상에서 좋은 결과를 이끌어 낼 수 있는 명료한 언어 패턴을 알아봅시다.

Chapter 10

협상 전개하기

협상에 들어가기에 앞서 가장 먼저 해야 할 일은 긴장된 분위기를 풀어주는 것입니다. 그런 다음 논의 사안과 우선순위를 언급하여 협상의 목적을 정리해 주는 것이 꼭 필요한 절차이지요. 이번 Chapter에서는 협상을 전개하며 사용하게 되는 표현을 익혀 보겠습니다.

080 It's ~ today.

081 How long did it take ~?

082 You look ~.

083 We need to discuss ~ in detail.

084 Let's review ~.

085 The first issue we'll discuss is ~.

086 We are interested in ~.

087 We should resolve ~.

088 What matters most is ~.

089 Our proposal is to ~.

090 How about ~?

It's ~ today.

오늘은 (날씨가) ~하네요.

It's *rainy* today.

오늘은 비가 오네요.

It's *snowy* today.

오늘은 눈이 내리네요.

It's *sunny* today.

오늘은 화창하네요.

It's *windy* today.

오늘은 바람이 부네요.

It's *cloudy* today.

오늘은 구름이 많네요.

---

windy 바람 부는

 날씨 이야기는 상대방이 누구냐에 상관없이 대화를 시작하는 주제로 가장 무난합니다. 날씨를 말할 때는 The weather is ~., Today's weather is ~.라고 할 필요 없이 It's ~.라고 하면 됩니다.

How long did it take ~?

~ 얼마나 걸렸습니까?

How long did it take *from your country*?

당신의 나라에서 얼마나 걸렸습니까?

How long did it take *to return home*?

돌아오는 데 얼마나 걸렸습니까?

How long did it take *to get here from Rome*?

로마에서 여기 오는 데 얼마나 걸렸습니까?

How long did it take *to fly here from London*?

런던에서 비행기로 여기 오는 데 얼마나 걸렸습니까?

How long did it take
to fly here from Chicago?

시카고에서 비행기로 여기 오는 데 얼마나 걸렸습니까?

return home 귀국하다, 귀가하다

이 패턴은 소요 시간을 물을 때 유용하게 사용됩니다. How long 대신 How many days나
How many hours, How many minutes 등으로 말해도 됩니다.

You look ~.

~해 보입니다.

You look *worried.*

걱정스러워 보입니다.

You look *shocked.*

충격 받은 것처럼 보입니다.

You look *depressed.*

우울해 보입니다.

You look *disappointed.*

실망스러워 보입니다.

You look *very happy today.*

오늘 아주 행복해 보입니다.

---

depressed 우울한(cf. depression 우울증)

 이 패턴은 상대방의 안색이나 행동을 보고 느낀 바를 말할 때 사용합니다. 상대방의 어투나 어조로 파악한 느낌을 말할 때는 You sound ~.라고 하면 돼요.

We need to discuss ~ in detail.   ~에 대해 구체적으로 논의할 필요가 있어요.

We need to discuss *the results* in detail.

그 결과에 대해 구체적으로 논의할 필요가 있어요.

We need to discuss *the service* in detail.

그 서비스에 대해 구체적으로 논의할 필요가 있어요.

We need to discuss *the project* in detail.

그 프로젝트에 대해 구체적으로 논의할 필요가 있어요.

We need to discuss *this agenda* in detail.

이 안건에 대해 구체적으로 논의할 필요가 있어요.

We need to discuss *their ordering behavior* in detail.

그들의 주문 행동에 대해 구체적으로 논의할 필요가 있어요.

ordering behavior 주문 행동

어떤 일에 대해 논의할 필요성을 언급할 때는 We need to discuss ~.라고 합니다. 구체적인 논의가 필요하다고 강조하고 싶을 때는 문장 마지막에 in detail을 붙여 말하면 됩니다.

Let's review ~.

~을 검토합시다.

Let's review
the total amount.

총액을 검토합시다.

Let's review
their asking price.

그들이 부르는 값을 검토합시다.

Let's review
the payment terms.

지불 조건을 검토합시다.

Let's review
your salary from last year.

당신의 작년 연봉을 검토합시다.

Let's review
its geographical location.

그곳의 지리적 위치를 검토합시다.

---

total amount(= sum total) 총액   asking price 부르는 가격   payment terms 지불 조건
geographical 지리적인

이 패턴은 무언가에 대한 검토를 제안할 때 사용합니다. Let's ~.는 제안할 때 쓰는 표현으로 Let's check ~.(~을 확인합시다.), Let's discuss ~.(~에 대해 논의합시다.)와 같이 뒤에 이어지는 동사를 적절하게 사용하여 다양한 패턴을 만들 수 있어요.

The (first, last, next) issue we'll discuss is ~.
첫 번째로 논의할 사안은
~입니다.

The last issue we'll discuss is *the shipping method.*

마지막으로 논의할 사안은 선적 방법입니다.

The next issue we'll discuss is *our work environment.*

다음으로 논의할 사안은 우리의 근무 환경입니다.

The next issue we'll discuss is *the reconstruction of our website.*

다음으로 논의할 사안은 우리의 웹 사이트 개편입니다.

The third issue we'll discuss is *the copyright infringement issue.*

세 번째로 논의할 사안은 저작권 침해 사안입니다.

The second issue we'll discuss is *the establishment of our new branch.*

두 번째로 논의할 사안은 우리의 새 지사 설립입니다.

---

copyright infringement(= copyright violation) 저작권 침해 branch 지사

이 패턴은 회의에서 다룰 안건을 차례대로 소개할 때 사용합니다. first 대신 second, third 등이
나 next, last 등을 넣어 말하면 활용 범위를 더욱 늘릴 수 있습니다.

We are interested in ~.

저희는 ~에 관심이 있습니다.

We are interested in *your organic food.*

저희는 당신의 유기농 식품에 관심이 있습니다.

We are interested in *the service you offer.*

저희는 귀사가 제공하는 서비스에 관심이 있습니다.

We are interested in *renewing the contract.*

저희는 계약서를 갱신하는 데 관심이 있습니다.

We are interested in *entering the Chinese market.*

저희는 중국 시장 진출에 관심이 있습니다.

We are interested in *receiving full-time employee benefits.*

저희는 정직원의 혜택을 받는 것에 관심이 있습니다.

---

organic food 유기농 식품   renew 갱신하다   full–time employee benefits 정직원의 혜택

관심사나 관심 분야를 말할 때 유용하게 쓸 수 있는 패턴으로 We have an interest in ~.이라고 해도 됩니다. 전혀 관심이 없을 때는 We have no interest in ~.이라고 하고, 관심이 많을 때는 We have very much interest in ~.이라고 하세요.

We should resolve ~.

~를 해결해야 합니다.

We should resolve *the fatal error.*

치명적인 오류를 해결해야 합니다.

We should resolve *the unfairness.*

불공평함을 해결해야 합니다.

We should resolve *their complaints.*

그들의 불만을 해결해야 합니다.

We should resolve *the marketing issue.*

마케팅 사안을 해결해야 합니다.

We should resolve *the glitch as soon as possible.*

가능한 한 빨리 그 결함을 해결해야 합니다.

fatal 치명적인   unfairness 불공평함

이 패턴은 앞으로 해결해야 할 과제를 언급할 때 사용합니다. resolve와 같은 표현으로 solve도 있지만, resolve가 좀 더 격식을 차린 표현이에요.

What matters most is ~.

가장 중요한 것은 ~입니다.

What matters most is *getting some rest.*

가장 중요한 것은 휴식을 취하는 것입니다.

What matters most is *work efficiency.*

가장 중요한 것은 업무 효율성입니다.

What matters most is *our market share.*

가장 중요한 것은 우리의 시장 점유율입니다.

What matters most is *quality, not quantity.*

가장 중요한 것은 양이 아니라 질입니다.

What matters most is *relieving your stress.*

가장 중요한 것은 스트레스를 푸는 것입니다.

---

work efficiency 업무 효율성   quality 질   quantity 양
relieve one's stress 스트레스를 풀다(cf. release나 get rid of를 써도 됩니다.)

 협상이 오래 지속되다 보면 주제에서 벗어나기도 하고 늘어지는 일도 있습니다. 이럴 때 사용하는 패턴 What matters most is ~.는 무엇 때문에 그 자리에 모여 있는지 상기시켜 주는 표현이죠. 여기서 matter는 동사로서 '중요하다'라는 뜻입니다.

Our proposal is to ~.

저희의 제안은 ~하자는 것입니다.

Our proposal is *simply* to *borrow your equipment for a month.*

저희의 제안은 그냥 한 달 동안 귀사의 장비를 빌리자는 것입니다.

Our proposal is to *work together.*

저희의 제안은 함께 일하자는 것입니다.

Our proposal is to *test its connection.*

저희의 제안은 그것의 연결성을 시험하자는 것입니다.

Our proposal is to *develop a self-driving car.*

저희의 제안은 무인 자동차를 개발하자는 것입니다.

Our proposal is to *participate in the motor show.*

저희의 제안은 모터쇼에 참가하자는 것입니다.

borrow 빌리다   participate in ~에 참가하다

이 패턴은 제안할 때 쓸 수 있습니다. proposal 대신 suggestion을 사용해도 좋고요. We propose ~.나 We suggest ~.라고 해도 되지요. 이 패턴으로 꼭 여러분의 제안을 관철시키시길 바랍니다.

How about ~?

~하는 것이 어떨까요?

How about *developing a new model*?

새로운 모델을 개발하는 것이 어떨까요?

How about *changing the background*?

배경을 바꾸는 것이 어떨까요?

How about *buying a wireless keyboard*?

무선 키보드를 사는 것이 어떨까요?

How about *having a face-to-face talk with him*?

그들과 직접 만나서 이야기하는 것이 어떨까요?

How about *making ice cream in the shape of a bottle*?

병 모양의 아이스크림을 만드는 것이 어떨까요?

---

wireless 무선의(cf. wired 유선의) have a face-to-face talk with ~와 직접 만나 이야기하다

아이디어를 제시하거나 무언가 다른 제안을 할 때 사용할 수 있는 패턴입니다. 이 패턴 대신 What about ~?을 사용해도 같은 뜻을 나타낼 수 있어요.

A : Welcome back to Korea!

B : Thank you. **It's** *very cold* **today.**

......

A : **It's** *clear* **today.**

B : It was raining yesterday.

A : **How long did it take** *to get here from Beijing*?

B : It took about fifteen hours.

......

A : **How long did it take** *to fly to London*?

B : Approximately three hours.

approximately 대략

082

A : **You look** *tired*.

B : I didn't sleep well last night.

......

A : **You look** *cool*.

B : I bought a necktie.

083

A : **We need to discuss** *the issue* **in detail.**

B : Can we put it off till next week?

......

A : So you should place an order every month.

B : **We need to discuss** *this* **in detail.** Could you tell us why?

put ~ off 미루다

080 A : 한국으로 다시 오신 것을 환영합니다! B : 감사합니다. 오늘은 아주 춥네요. | A : 오늘은 날씨가 맑네요. B : 어제는 비가 왔어요. **081** A : 베이징에서 여기까지 오시는 데 얼마나 걸렸어요? B : 15시간 정도 걸렸어요. | A : 런던까지 비행기로 가는 데 얼마나 걸렸습니까? B : 대략 세 시간이요. **082** A : 피곤해 보이시네요. B : 어젯밤에 잠을 잘 못 잤어요. | A : 멋져 보입니다. B : 넥타이 하나 샀어요. **083** A : 그 사안에 대해 구체적으로 논의할 필요가 있어요. B : 다음 주까지 미뤄도 될까요? | A : 따라서 매월 주문을 하셔야 합니다. B : 이것에 대해서는 구체적으로 논의할 필요가 있겠네요. 이유를 말씀해 주실래요?

084

A : **Let's review** *our profit margin*.

B : We should raise our prices.

......

A : **Let's review** *our competitors' prices first*.

B : Theirs are higher than ours.

A : **The first issue we'll discuss is** *the working hours*.

B : Please go ahead.

......

A : **The first issue we'll discuss is** *the unit price*.

B : I hope we can wrap up this issue before lunch.

A : **We are interested in** *this smartphone*.

B : This is a newly released one.

......

A : Thank you for visiting us.

B : **We're interested in** *buying your keyboards*.

087

A : **We should resolve** *the problem*.

B : We can't handle it. We need an expert.

......

A : We can't sell our products in that market anymore.

B : **We should resolve** *their complaints ASAP*.

expert 전문가

---

084 A : 우리의 이윤을 검토합시다. B : 가격을 올려야 합니다. | A : 우선 경쟁사들의 가격을 검토해 봅시다. B : 그들의 가격이 우리보다 더 높습니다. **085** A : 첫 번째로 논의할 사안은 근무 시간입니다. B : 시작하시죠. | A : 첫 번째로 논의할 사안은 단가입니다. B : 점심 전에 이 사안을 마무리 지을 수 있으면 좋겠습니다. **086** A : 저희는 이 스마트폰에 관심이 있습니다. B : 새로 출시된 겁니다. | A : 찾아와 주셔서 감사합니다. B : 저희는 귀사의 키보드를 구입하는 데 관심이 있어요. **087** A : 그 문제를 해결해야 합니다. B : 우리가 다룰 수 없어요. 전문가가 필요해요. | A : 저 시장에서는 우리 제품을 더이상 판매할 수가 없어요. B : 그들의 불만 사항을 가능한 한 빨리 해결해야 합니다.

088

A : **What matters most is** *your family*.

B : Thank you for giving me a five-day break.

......

A : **What matters most is** *the defect rate*.

B : Nobody can beat us on quality.

089

A : **Our proposal is to** *treat our workers better*.

B : That sounds like a plan.

......

A : The Indonesian market is hard to understand.

B : *So* **our proposal is to** *participate in the trade show to better understand it*.

090

A : **How about** *renewing the contract*?

B : It hasn't expired yet.

......

A : The production costs are too high.

B : **How about** *using cheaper parts*?

---

088 A : 가장 중요한 것은 당신의 가족입니다. B : 5일간의 휴가를 주셔서 감사드립니다. | A : 가장 중요한 것은 불량률이에요. B : 품질에 있어서는 우리를 따라올 데가 없어요. **089** A : 저희의 제안은 저희 직원들의 처우를 개선해 주자는 것입니다. B : 그거 좋습니다. | A : 인도네시아 시장은 이해하기 어려워요. B : 그래서 저희의 제안은 시장을 더 잘 이해하기 위해 무역박람회에 참여하자는 것입니다. **090** A : 계약을 갱신하는 것이 어떨까요? B : 아직 만료 안 됐는데요. | A : 생산 비용이 너무 높아요. B : 더 싼 부품을 사용하는 게 어떨까요?

Chapter 11

본격적으로 협상하기

이제 본격적인 협상에 돌입했습니다. 서로 원하는 바를 말하고 무엇을 받아들이고 무엇을 거절할 것인지 논의하며 원하는 것을 최대한 얻어 내야 하죠. 이번 Chapter에서는 성공적인 협상을 위한 표현을 정리했습니다.

091 We should reduce(raise) the price (by/to) ~.

092 ~ is not acceptable.

093 ~ is a low priority.

094 Considering ~, ~.

095 We're willing to ~.

096 We're not willing to ~.

097 Let me clarify ~.

098 I'd be willing to comply if you can ~.

099 I can go along with ~.

100 Could you expand on ~?

101 I understand your concern, but ~.

102 The way I see it ~, ~.

103 I'm receptive to ~.

104 The major obstacle seems to be ~.

105 ~ is not entirely our fault.

106 The bottom line is ~.

We should reduce(raise) the price (by/to) ~.

가격을 (~만큼/~로)
내려야(올려야) 합니다.

We should reduce the price by *5 percent.*

가격을 5퍼센트 내려야 합니다.

We should reduce the price by *20 dollars.*

가격을 20달러 내려야 합니다.

We should reduce the price to *1,000 won.*

가격을 1,000원으로 내려야 합니다.

We should reduce the price by *30 percent during the sale.*

세일 중에는 가격을 30퍼센트 내려야 합니다.

We should raise the price *of our crude oil* by *20 cents a barrel.*

우리의 원유 가격을 배럴당 20센트 올려야 합니다.

crude oil 원유

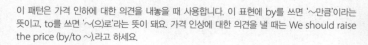

이 패턴은 가격 인하에 대한 의견을 내놓을 때 사용합니다. 이 표현에 by를 쓰면 '~만큼'이라는
뜻이고, to를 쓰면 '~(으)로'라는 뜻이 돼요. 가격 인상에 대한 의견을 낼 때는 We should raise
the price (by/to ~).라고 하세요.

~ is not acceptable.

~은 받아들일 수 없습니다.

The current lead time is not acceptable.

현재의 리드 시간은 받아들일 수 없습니다.

Delaying the opening date is not acceptable.

개장일을 늦추는 것은 받아들일 수 없습니다.

Working overtime every night is not acceptable.

매일 밤 초과 근무를 하는 것은 받아들일 수 없습니다.

The 6-month probationary rule is not acceptable.

6개월 간 수습 기간의 규정은 받아들일 수 없습니다.

These unreasonable demands are not acceptable.

이런 불합리한 요구들은 받아들일 수 없습니다.

---

lead time 리드 타임(cf. 상품 생산의 시작부터 완성까지 걸리는 시간) **probationary** 수습의 **unreasonable** 불합리한

 이 패턴은 용납할 수 없는 일에 대한 거절의 의사를 분명하게 밝힐 때 사용합니다. 따라서 말할 때
는 not에 강세를 두어 말해야 합니다. 허용 가능한 일을 말하고자 할 때는 not을 빼면 됩니다.

~ is a low priority.

~은 중요하지 않습니다.

The first issue
is a low priority.

첫 번째 사안은 중요하지 않습니다.

A variety of foods
is a low priority.

음식의 다양성은 중요하지 않습니다.

The contract period
is a low priority.

계약 기간은 중요하지 않습니다.

The number of buttons
is a low priority.

버튼의 수는 중요하지 않습니다.

Investment in 3-D products
is a low priority.

3D 제품에 투자하는 것은 중요하지 않습니다.

variety 다양성   contract period 계약 기간

우선순위가 낮은 것이 무엇인지 말할 때 사용하는 패턴입니다. priority는 '우선순위'라는 뜻이고
우선순위의 높고 낮음은 high와 low로 나타냅니다. '최우선 순위'는 top priority라고 합니다.

Considering ~, ~.

~를 고려하면, ~.

Considering *the local weather,*
clothes should be thin.

현지 날씨를 고려하면, 옷이 얇아야 합니다.

Considering *their wants,*
we should discontinue them.

그들의 요구를 고려하면, 우리는 그것들의 생산을 중단시켜야 합니다.

Considering *it's supposed to be ergonomic,*
it's really uncomfortable.

인체 공학적이어야 한다는 것을 고려하면, 그것은 정말 불편합니다.

Considering *the schedule,*
we need to finish it by at least next month.

일정을 고려하면, 우리는 적어도 다음 달까지 그것을 끝내야 합니다.

Considering *the condition of the factory,*
we can't produce over 100 units a day.

공장 상황을 고려하면, 우리는 하루에 100개 이상은 생산할 수가 없습니다.

---

ergonomic 인체 공학의

이 패턴은 특정한 상황 조건을 설정하여 말할 때 사용합니다. 참고로 '모든 것을 고려할 때 ~'는 When all things considered, ~.라고 하는데, 이때 when은 써도 되고 안 써도 됩니다.

We're willing to ~.

우리는 ~할 의향이 있습니다.

We're willing to
take your advice.

우리는 당신의 조언을 받아들일 의향이 있습니다.

We're willing to
buy your TV sets.

우리는 당신의 TV를 살 의향이 있습니다.

We're willing to
increase your salary.

우리는 당신의 봉급을 올려 줄 의향이 있습니다.

We're willing to
give up our patent rights.

우리는 우리의 특허권을 포기할 의향이 있습니다.

We're willing to
order 10,000 units a year.

우리는 1년에 1만 대를 주문할 의향이 있습니다.

take advice 조언을 받아들이다(cf. ask for advice 조언을 구하다)　patent right 특허권

이 패턴은 어떤 일을 할 의향이 있음을 비치면서 상대방의 의사를 떠볼 때 사용할 수 있습니다. 내용에 따라서는 We're interested in ~.과 바꾸어 써도 됩니다.

Date. . . □ □ □

We're not willing to ~.

우리는 ~할 의향이 없습니다.

We're not willing to
do that this year.

우리는 금년에는 그렇게 할 의향이 없습니다.

We're not willing to
take part in the auction.

우리는 경매에 참여할 의향이 없습니다.

We're not willing to
take on the Sony account.

우리는 소니를 거래처로 맡을 의향이 없습니다.

We're not willing to
hire more marketing people.

우리는 마케팅 인원을 더 고용할 의향이 없습니다.

We're not willing to
invest in the Danish market.

우리는 덴마크 시장에 투자할 의향이 없습니다.

---

auction 경매   take on the ~ account ~의 거래처를 맡다

 상대방에게 어떤 일을 할 의향이 없음을 밝힐 때 쓸 수 있는 패턴입니다. Pattern 95에서 배운 We're willing to ~. 패턴과 함께 연습해 두었다가 꼭 활용해 보세요.

Let me clarify ~.

~를 분명히 하겠습니다.

Let me clarify
a few points here.

이쯤에서 몇 가지를 분명히 하겠습니다.

Let me clarify
how we work together.

어떻게 공동 작업을 할지 분명히 하겠습니다.

Let me clarify
why we should file a suit.

우리가 소송을 걸어야 하는 이유를 분명히 하겠습니다.

Let me clarify
when we start the meeting.

회의 시작 시간을 분명히 하겠습니다.

Let me clarify
where we'll have our workshops.

어디에서 워크숍을 열지 분명히 하겠습니다.

---

file a suit 소송을 걸다, 고소하다

(cf. suit은 lawsuit(소송, 고소)의 의미입니다. '~ 죄로 고소당하다'는 be accused of 또는 be charged of라고 합니다.)

상대방이 나중에 오해하는 일이 없도록 어떤 것을 분명하게 짚고 넘어가고자 할 때 사용하는 패턴
입니다. Let me get ~ straight.이라고 말할 수도 있습니다.

I'd be willing to comply if you can ~. ~하실 수 있다면 따를 의향이 있습니다.

I'd be willing to comply if you can *build it in Sudan.*

수단에 그것을 지으실 수 있다면 따를 의향이 있습니다.

I'd be willing to comply if you can *make them less harmful.*

그것들을 덜 해롭게 만드실 수 있다면 따를 의향이 있습니다.

I'd be willing to comply if you can *produce a new type of monitor.*

새로운 종류의 모니터를 만드실 수 있다면 따를 의향이 있습니다.

I'd be willing to comply if you can *reduce your company's emissions.*

귀사의 오염 배출물을 줄이실 수 있다면 따를 의향이 있습니다.

I'd be willing to comply if you can *buy 50 cases at the price of $20 a bottle.*

병당 20달러의 가격으로 50상자를 사실 수 있다면 따를 의향이 있습니다.

---

harmful 해로운   emission 배출물, 배출가스

이 패턴은 상대방의 의견에 동의하는 데 필요한 조건을 언급할 때 사용합니다. comply는 '따르다, 준수하다'라는 뜻의 동사로, 격식을 차린 표현에 사용됩니다. 법률이나 명령을 따르고 준수한다는 의미일 때는 obey 동사를 사용한다는 것도 함께 알아 두세요.

I can go along with ~.

~에 동의할 수 있습니다.

I can go along with
your thoughts.

당신의 생각에 동의할 수 있습니다.

I can go along with
you on that.

그 점에 대해서는 당신 말에 동의할 수 있습니다.

I can go along with
your proposal.

당신의 제안에 동의할 수 있습니다.

I can go along with
your point of view.

당신의 관점에 동의할 수 있습니다.

I can go along with
your product concept.

당신의 제품 콘셉트에 동의할 수 있습니다.

point of view(=perspective, standpoint) 관점

상대방의 의견에 동의한다고 말할 때 쓸 수 있는 패턴으로 I agree (with/to) ~.도 있습니다. 이 패턴에서의 go along with는 '~에 동의하다'라는 의미이지만, I can go along with you to the theater.라고 하면 '~와 가다'라는 뜻이 되기도 하니 문맥에 따라 다양하게 사용해 보세요.

Could you expand on ~?

~에 대해 더 자세히 설명해 주시겠어요?

Could you expand on *the labor union*?

노동조합에 대해 좀 더 자세히 설명해 주시겠어요?

Could you expand on *ChatGPT*?

챗지피티를 좀 더 자세히 설명해 주시겠어요?

Could you expand on *what it means*?

그것이 무슨 뜻인지를 좀 더 자세히 설명해 주시겠어요?

Could you expand on *the supply and demand situation*?

수급 상황을 좀 더 자세히 설명해 주시겠어요?

Could you expand on *the size of this year's operating budget*?

금년도 운영 예산 규모에 대해 좀 더 자세히 설명해 주시겠어요?

---

labor union 노동조합   supply and demand situation 수급 상황   operating budget 운영 예산

 상대방에게 추가로 자세한 설명을 요구할 때 사용하는 패턴입니다. expand on은 '~에 대해 자세히 말하다, 부연하다'라는 뜻이에요. Could you explain ~ in more detail?이라고 해도 같은 뜻입니다.

I understand your concern, but ~.

당신의 걱정은 이해합니다만, ~.

I understand your concern, but *we don't have enough money.*

당신의 걱정은 이해합니다만, 우리에겐 그만한 돈이 없습니다.

I understand your concern, but *our customers will not buy it.*

당신의 걱정은 이해합니다만, 우리 고객들은 그것을 안 살 겁니다.

I understand your concern, but *we should tackle this issue first.*

당신의 걱정은 이해합니다만, 우리는 먼저 이 사안을 해결해야 합니다.

I understand your concern, but *we have no choice but to sue you.*

당신의 걱정은 이해합니다만, 우리는 당신을 고소할 수밖에 없습니다.

I understand your concern, but *repairing the glitch is the most important thing.*

당신의 걱정은 이해합니다만, 결함을 고치는 것이 가장 중요한 일입니다.

tackle (문제를)다루다   sue 고소하다

이 패턴은 나의 생각이나 주장을 말하기에 앞서 상대방의 입장을 배려하는 차원의 말을 먼저 꺼내고자 할 때 사용할 수 있습니다. 즉, 상대방의 걱정은 이해가 되지만 반론이 있을 때 이 표현을 씁니다.

The way I see it ~, ~.

제가 보기에는, ~.

The way I see it, *people prefer small e-book readers.*

제가 보기에는, 사람들이 작은 전자책 리더기를 선호합니다.

The way I see it, *this kind of toy is not popular with kids.*

제가 보기에는, 이러한 종류의 장난감은 아이들에게 인기가 없습니다.

The way I see it, *we should postpone the release of her album.*

제가 보기에는, 그녀의 앨범 발매를 연기해야 합니다.

The way I see it, *there are too many coffee shops around here.*

제가 보기에는, 이 주변에 커피숍이 너무 많습니다.

The way I see it, *the cost of manufacturing ships are skyrocketing.*

제가 보기에는, 선박 제조 비용이 급등하고 있습니다.

---

popular 인기 있는   cost of manufacturing 제조 비용   skyrocket 급등하다

 자신의 견해를 말할 때 쓰는 패턴으로, 이때의 way는 '길'이 아니라 '방법' 또는 '관점'을 나타냅니다. To me, In my view, From my point of view도 같은 뜻입니다.

I'm receptive to ~.

~를 환영합니다.

I'm receptive to
new suggestions.

저는 새로운 제안을 환영합니다.

I'm *always* receptive to
new ideas.

저는 항상 새로운 아이디어를 환영합니다.

I'm receptive to
new product concepts.

저는 새로운 제품 콘셉트를 환영합니다.

I'm receptive to
your recommendations.

저는 당신의 권고를 환영합니다.

I'm receptive to
whatever ideas you might have.

저는 당신이 가지고 있을지도 모르는 아이디어는 무엇이든 환영합니다.

recommendation 권고   whatever ~는 무엇이든

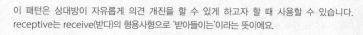

이 패턴은 상대방이 자유롭게 의견 개진을 할 수 있게 하고자 할 때 사용할 수 있습니다.
receptive는 receive(받다)의 형용사형으로 '받아들이는'이라는 뜻이에요.

Date. . .

The major obstacle seems to be ~.

큰 장애 요인은 ~인 것 같습니다.

The major obstacle seems to be
barriers to entry.

큰 장애 요인은 진입 장벽인 것 같습니다.

The major obstacle seems to be
the lack of manpower.

큰 장애 요인은 인력 부족인 것 같습니다.

The major obstacle seems to be
the after-sales service.

큰 장애 요인은 애프터서비스인 것 같습니다.

The major obstacle seems to be
the price of the keyboard.

큰 장애 요인은 키보드 가격인 것 같습니다.

The major obstacle seems to be
the location of our headquarters.

큰 장애 요인은 우리 본사의 위치인 것 같습니다.

---

barrier to entry 진입 장벽   lack of manpower 인력 부족

이 패턴은 어떤 일을 추진할 때 장애가 되는 요인을 밝히면서 사용합니다. obstacle은 '장애물'
이라는 뜻으로 원래 지형지물의 걸림돌을 의미하는 단어지만, 협상 시 어려움을 겪을 때에도 자주
등장하는 단어입니다.

~ is not entirely our fault.

~는 저희 잘못만은 아닙니다.

The trouble is not entirely our fault.

그 문제가 저희 잘못만은 아닙니다.

The breakdown is not entirely our fault.

그 고장이 저희 잘못만은 아닙니다.

The loss of market share is not entirely our fault.

시장 점유율을 잃은 것이 저희 잘못만은 아닙니다.

The breakdown in the negotiations is not entirely our fault.

협상 결렬이 저희 잘못만은 아닙니다.

The high return rate of the product is not entirely our fault.

그 제품의 높은 반품률이 저희 잘못만은 아닙니다.

---

breakdown 고장 breakdown in a negotiation 협상 결렬 return rate 반품률

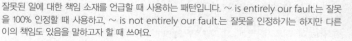

잘못된 일에 대한 책임 소재를 언급할 때 사용하는 패턴입니다. ~ is entirely our fault.는 잘못을 100% 인정할 때 사용하고, ~ is not entirely our fault.는 잘못을 인정하기는 하지만 다른 이의 책임도 있음을 말하고자 할 때 쓰여요.

The bottom line is ~.

결론은 ~입니다.

The bottom line is
we need a discount.

결론은 우리가 할인이 필요하다는 것입니다.

The bottom line is
that kids should like it.

결론은 아이들이 그것을 좋아해야 한다는 것입니다.

The bottom line is
we should make money.

결론은 우리가 돈을 벌어야 한다는 것입니다.

The bottom line is
the lead time shouldn't be long.

결론은 리드 타임이 길지 않아야 한다는 것입니다.

The bottom line is
that we have to finish this project on time.

결론은 우리가 이 프로젝트를 제시간에 끝내야 한다는 것입니다.

 이 패턴은 결론을 요약 정리하여 말할 때 사용합니다. bottom line은 결산표의 맨 아랫줄에 최종 결과, 즉 총계가 나온다는 뜻에서 '총결산'이라는 의미로 사용되다가 그 뜻이 확장되어 '결론, 핵심'이라는 뜻으로도 사용됩니다. 이 패턴에서는 point로 바꾸어 말해도 됩니다.

091

A : **We should reduce the price** *of their next order* **by** *15 percent*.

B : For sure.

......

A : We need to come up with a new idea.

B : **We should reduce the price by** *20 percent*.

for sure 맞아요   come up with ~를 생각해내다

092

A : *Delays in payment* **are not acceptable**.

B : I'll keep that in mind.

......

A : So we suggest that you invest over $10 million in our company.

B : *That* **is not acceptable**. It's too big an investment for us.

093

A : *Upgrading our computer network* **is a low priority**.

B : It's out of date.

......

A : So we should go to Brazil.

B : *Brazil* **is a low priority**.

094

A : **Considering** *these factors, we should quit the project*.

B : I'm not with you in this matter.

......

A : **Considering** *what our target market likes, this monitor is not well designed*.

B : I agree.

quit 그만두다   matter 문제

---

091 A : 그들의 다음 주문 가격을 15퍼센트 내려야 합니다. B : 맞아요. | A : 새로운 아이디어를 생각해 내야 해요. B : 가격을 20퍼센트 내려야 합니다.   **092** A : 지불 지연은 받아들일 수가 없습니다. B : 명심할게요. | A : 따라서 저희 회사에 천만 달러 이상을 투자하실 것을 제안합니다. B : 그것은 받아들일 수가 없어요. 우리에게는 투자 금액이 너무 커요.   **093** A : 우리의 컴퓨터 네트워크를 업그레이드하는 것은 중요하지 않습니다. B : 구식인데요. | A : 따라서 우리는 브라질로 가야 합니다. B : 브라질은 중요하지 않아요.   **094** A : 이 요소들을 고려하면, 우리는 그 프로젝트를 중단해야 합니다. B : 이 문제에 있어서는 동의가 안 되네요. | A : 우리의 목표 시장이 좋아하는 것을 고려하면, 이 모니터는 디자인이 별로예요. B : 동의합니다.

095

A : **We're willing to** *take part in the bidding.*

B : I'm glad to hear that.

......

A : **We're willing to** *cut the price.*

B : Thank you very much.

096

A : **We're not willing to** *conduct a survey.*

B : Please give it a second thought.

......

A : India has huge potential.

B : *I know, but* **we're not willing to** *do business there.*

conduct a survey 설문 조사를 하다

097

A : **Let me clarify** *what I want.*

B : Please do so.

......

A : **Let me clarify** *why we need it.*

B : Great.

098

A : Please reduce the price by 20 percent.

B : **I'd be willing to comply if you can** *sell more than 100 units a month.*

......

A : Please lessen the defective rate.

B : **I'd be willing to comply if you can** *enlarge it.*

---

095 A : 우리는 입찰에 참여할 의향이 있습니다. B : 그러시다니 기쁩니다. | A : 저희는 가격을 인하할 의향이 있습니다. B : 대단히 감사합니다. **096** A : 우리는 설문 조사를 할 의향이 없습니다. B : 다시 생각해 보세요. | A : 인도는 엄청난 잠재력을 가지고 있어요. B : 알지만, 그 곳에서 사업을 할 의향이 없습니다. **097** A : 제가 원하는 바를 분명히 할게요. B : 그러시죠. | A : 그것이 왜 필요한지 분명히 하겠습니다. B : 좋습니다. **098** A : 가격을 20퍼센트 내려 주세요. B : 한 달에 100대 이상 파실 수 있다면 따를 의향이 있어요. | A : 불량률을 줄여 주세요. B : 그것을 확장할 수 있다면 따를 의향이 있습니다.

099

A : We'd like you to pay before we ship it.

B : **I can go along with** *you on that.*

......

A : ESG management is getting more important.

B : **I can go along with** *your view.*

100

A : So if we make a better product, we'll dominate the market.

B : **Could you expand on** *the product you'd like us to develop?*

......

A : **Could you expand on** *your strategy?*

B : Of course.

101

A : This drink is too sweet.

B : **I understand your concern, but** *Danish people have a sweet tooth.*

......

A : Can we discuss it later?

B : **I understand your concern, but** *this dispute has to be solved.*

102

A : What do you think about this product?

B : **The way I see it,** *it's too big.*

......

A : **The way I see it,** *the labor union is useless.*

B : But that's the only way to express our power.

useless 소용없는   useful 쓸모 있는

---

099 A : 그것을 선적하기 전에 대금을 지불해 주셨으면 합니다. B : 그 점에 대해서는 당신에게 동의합니다. | A : ESG 경영이 더 중요해지고 있어요. B : 당신의 견해에 동의합니다. **100** A : 그러니까 더 좋은 제품을 만들어내면, 우리가 시장을 지배할 겁니다. B : 저희가 개발하기를 원하는 제품을 좀 더 자세히 설명해 주시겠어요? | A : 당신의 전략을 좀 더 자세히 설명해 주시겠어요? B : 물론이죠. **101** A : 이 음료는 너무 달아요. B : 당신의 걱정은 이해합니다만, 덴마크 사람들은 단 것을 좋아해요. | A : 나중에 얘기할 수 있을까요? B : 당신의 걱정은 이해합니다만, 이 분쟁은 해결되어야 합니다. **102** A : 이 제품을 어떻게 생각하십니까? B : 제가 보기에는, 너무 큽니다. | A : 제가 보기에는, 노동조합은 소용없습니다. B : 하지만 우리의 힘을 보일 수 있는 유일한 방법입니다.

103

A : **I'm receptive to** *any ideas about this situation.*

B : I have an idea.

......

A : **I'm receptive to** *advice on how to market our products.*

B : How about this marketing strategy?

advice on ~에 대한 조언

104

A : Why do you think demand has been so low?

B : **The major obstacle seems to be** *the government's new real estate policy.*

......

A : Why isn't this sofa selling well?

B : **The major obstacle seems to be** *the shrinking number of single-family homeowners.*

105

A : I think you should have been more aggressive.

B : *It* **is not entirely my fault.**

......

A : Why did few people attend the meeting?

B : *The low attendance* **is not entirely our fault.**

106

A : Please let me know exactly what you want.

B : **The bottom line is** *quality.*

......

A : **The bottom line is** *the monthly order quantity must be more than 10 units.*

B : That's not feasible.

order quantity 주문량   feasible 가능한

---

103 A : 이 상황에 대한 어떤 아이디어도 환영합니다. B : 제게 아이디어가 하나 있어요. | A : 저는 저희 제품을 마케팅 하는 방법에 대한 조언을 환영합니다. B : 이 마케팅 전략은 어때요? **104** A : 수요가 그렇게 낮은 이유가 뭐라고 생각하세요? B : 가장 큰 장애 요인은 정부의 새로운 부동산 정책인 것 같아요. | A : 이 소파가 왜 잘 안 팔리죠? B : 큰 장애 요인은 1인 가구 주택 소유자 수의 감소인 것 같습니다. **105** A : 당신이 더 공격적이었어야 한다고 생각합니다. B : 그건 제 잘못만은 아닙니다. | A : 왜 회의에 사람들이 거의 참석을 안 했죠? B : 낮은 참석률이 저희 잘못만은 아닙니다. **106** A : 원하시는 것을 정확하게 알려 주세요. B : 결론은 품질입니다. | A : 결론은 월 주문량이 10대를 넘어야 한다는 것입니다. B : 힘들어요.

Chapter 12

협상 마무리하기

협상이 막바지에 다다르면 협상의 개요를 정리한 다음. 이의나 정정 의견을 받는 것이 좋습니다. 이런 과정이 끝나면 협상에 대한 소감을 밝히며 맺음말을 하면 됩니다. 이번 Chapter에서는 협상을 마무리할 때 쓸 수 있는 유용한 패턴을 익혀 봅니다.

107 Let me recap ~.

108 I think the meeting was ~.

Let me recap ~. ~를 개략적으로 말씀드리겠습니다.

Let me recap *their demands.*

그들의 요구 사항을 개략적으로 말씀드리겠습니다.

Let me recap *what he said to me.*

그가 제게 말한 것을 개략적으로 말씀드리겠습니다.

Let me recap *what we've discussed.*

우리가 토의한 것을 개략적으로 말씀드리겠습니다.

Let me recap *their social background.*

그들의 사회적 배경을 개략적으로 말씀드리겠습니다.

Let me recap *what happened yesterday.*

어제 일어난 일을 개략적으로 말씀드리겠습니다.

---

background 배경(cf. social background(사회적 배경), educational background(교육적 배경),
ethnic background(인종적 배경), musical background(음악적 배경) 등과 같이 사용할 수 있습니다.)

 회의나 협상 등의 마무리 단계에서 앞서 논의한 것의 개요를 짚고 넘어가겠다는 뜻으로 사용하는
패턴입니다. recap은 '개요를 말하다'라는 뜻으로 recapitulate과 같은 뜻입니다.

I think the meeting was ~.

~인 회의였다고 생각합니다.

I think the meeting was *boring*.

지루한 회의였다고 생각합니다.

I think the meeting was *helpful*.

유용한 회의였다고 생각합니다.

I think the meeting was *a disaster*.

완전히 실패였던 회의였다고 생각합니다.

I think the meeting was *meaningful*.

의미 있는 회의였다고 생각합니다.

I think the meeting was *satisfactory*.

만족스러운 회의였다고 생각합니다.

disaster 완전한 실패(작) satisfactory 만족스러운

회의나 협상의 마무리 단계에서 총평을 할 때 사용하는 패턴입니다. meeting 대신 speech, lecture, workshop 등의 단어를 바꿔 넣어 다양하게 활용해 보세요.

□ □ □

107

A : **Let me recap** *what we've agreed on so far.*

B : Please go ahead.

......

A : **Let me recap** *what we've done and what's coming up.*

B : I'm all ears.

108

A : It's been a long meeting.

B : **I think the meeting was** *productive.*

......

A : **I think the meeting was** *a great success.*

B : I look forward to a long and fruitful partnership.

great success 대성공

---

107 A : 지금까지 우리가 합의한 것을 개략적으로 말씀드리겠습니다. B : 계속하세요. | A : 우리가 한 일과 앞으로 일어날 일에 대해 개략적으로 말씀드리겠습니다. B : 잘 듣겠습니다. **108** A : 긴 회의였습니다. B : 생산적인 회의였던 것 같아요. | A : 회의가 대성공이었다고 생각합니다. B : 장기적이고 생산적인 파트너쉽을 기대합니다.

Part

5

무역과 프레젠테이션
필수 패턴

Part 5에서는 제품을 사고팔 때 사용하는 패턴을 다룹니다. 거래를 할 때는 제품의 품질이 어떤지, 시장성이 있는 제품인지를 꼼꼼하게 따져야 하죠. 능력 있는 비즈니스맨이라면 우리 회사의 제품이 얼마나 매력적인지를 어필하는 화술은 물론, 상대 회사의 제품이 어떤지 꼼꼼히 따져 보는 기술까지 겸비해야겠죠. 우리 제품의 홍보와 더불어 상대 제품에 대한 문의와 주문을 할 때 사용할 수 있는 표현을 알아봅시다.

Chapter 13

제품 및 시장 소개하기

비즈니스 상대에게 우리 제품을 소개할 때 유용하게 쓸 수 있는 패턴입니다. 목표 시장을 밝히고 제품의 특장점을 설명하여 제품의 우수성을 피력할 때 사용할 수 있는 여러 가지 표현들을 연습해 봅시다.

109 We've just launched ~.

110 It is designed to ~

111 Its key feature is ~.

112 A distinctive aspect of our product is ~.

113 Our target market is ~.

114 We should concentrate on ~.

115 We're diversifying ~.

116 It is said that ~.

117 ~ will be released.

118 This product is famous for ~.

119 One of the features is ~.

120 ~ is superior (to) ~.

121 ~ is effective in ~.

122 This item is for ~.

We've just launched ~.   ~을 막 출시했습니다.

We've just launched *a new book.*

새 책을 막 출간했습니다.

We've just launched *a new model.*

새로운 모델을 막 출시했습니다.

We've just launched *a new product.*

신제품을 막 출시했습니다.

We've just launched *a new line of PCs.*

새로운 기종의 개인용 컴퓨터를 막 출시했습니다.

We've just launched *a research program.*

새 연구 프로그램에 막 착수했습니다.

---

launch는 새로운 것을 시작한다는 의미를 담고 있는 동사입니다. 그래서 이 패턴은 제품의 출시,
신규 사업의 시작, 새로운 작품의 발간 등에 다양하게 쓸 수 있습니다.

It is designed to ~.

그것은 ~하도록 고안되었습니다.

It is designed to
analyze databases.

그것은 데이터베이스를 분석하도록 고안되었습니다.

It is designed to
meet customers' needs.

그것은 고객의 요구를 충족시키기 위해서 고안되었습니다.

It is designed to
protect people's privacy.

그것은 사람들의 사생활을 보호하도록 고안되었습니다.

It is designed to
increase work efficiency.

그것은 업무 효율을 높이도록 고안되었습니다.

It is designed to
filter information by age.

그것은 정보를 연령대별로 걸러낼 수 있도록 고안되었습니다.

---

protect one's privacy 사생활을 보호하다   work efficiency 업무 효율

이 패턴은 사물, 도구 또는 시스템의 목적이나 기능을 설명할 때 사용할 수 있는 유용한 영어 표현입니다.

Its key feature is ~.

그것의 주요 특징은 ~입니다.

Its key feature is *its long battery life.*

그것의 주요 특징은 긴 배터리 수명입니다.

Its key feature is *that it is easy to carry.*

그것의 주요 특징은 휴대하기 쉽다는 것입니다.

Its key feature is *that it weighs only 1 kilogram.*

그것의 주요 특징은 무게가 1킬로그램밖에 안 된다는 점입니다.

Its key feature is *that it enables us to work efficiently.*

그것의 주요 특징은 효율적으로 일할 수 있게 해 준다는 것입니다.

Its key feature is *that it uses cutting-edge technology.*

그것의 주요 특징은 첨단 기술을 사용한다는 점입니다.

cutting-edge 첨단의

이 패턴은 제품의 주요 특징을 설명할 때 사용합니다. 여기서는 feature가 '특징'이라는 뜻의 명사로 쓰였지만, 이것을 '~를 특징으로 하다'라는 뜻의 동사로 사용하여 It features ~.라고 해도 돼요.

A distinctive aspect of our product is ~. 저희 제품의 특징은 ~입니다.

A distinctive aspect of our product is *its smoothness.*

저희 제품의 특징은 부드러움입니다.

A distinctive aspect of our product is *its light weight.*

저희 제품의 특징은 가벼운 무게입니다.

A distinctive aspect of our product is *its wide screen.*

저희 제품의 특징은 넓은 스크린입니다.

A distinctive aspect of our product is *its stylish design.*

저희 제품의 특징은 감각이 돋보이는 디자인입니다.

A distinctive aspect of our product is *its excellent water-resistance property.*

저희 제품의 특징은 뛰어난 방수 기능입니다.

---

water-resistance property 방수 기능(cf. water-resistant, waterproof 방수의)

 제품의 차별성을 말할 때 쓸 수 있는 패턴입니다. distinction과 feature는 좀 달라요. distinction은 다른 제품에 없는 것을 내세울 때 활용할 수 있는 단어입니다.

Our target market is ~.   저희의 목표 시장은 ~입니다.

Our target market is *grandmothers.*

저희의 목표 시장은 할머니들입니다.

Our target market is *toy-loving adults.*

저희의 목표 시장은 장난감을 좋아하는 어른들입니다.

Our target market is *successful professionals.*

저희의 목표 시장은 성공한 전문가들입니다.

Our target market is *people preparing for the TOEIC test.*

저희의 목표 시장은 토익 시험을 준비하는 사람들입니다.

Our target market is *writers who need a place to do their work.*

저희의 목표 시장은 작업 공간을 필요로 하는 작가들입니다.

이 패턴은 제품의 판매 목표가 되는 시장이 어디인지를 밝힐 때 사용합니다. target market 대신 sales target(판매 목표액), target area(목표 지역), target audience(목표 시청자) 등을 넣어 다양하게 사용해 보세요.

□ □ □

We should concentrate on ~.

우리는 ~에 주력해야 합니다.

We should concentrate on *the European market.*

우리는 유럽 시장에 주력해야 합니다.

We should concentrate on *developing new products.*

우리는 신제품 개발에 주력해야 합니다.

We should concentrate on *the quality of our service.*

우리는 우리 서비스의 질에 주력해야 합니다.

We should concentrate on *research and development.*

우리는 연구 개발에 주력해야 합니다.

We should concentrate on *the health of our employees.*

우리는 직원들의 건강에 주력해야 합니다.

이 패턴은 주력 분야를 말할 때 사용합니다. concentrate on은 '~에 주력하다, ~에 집중하다' 라는 뜻이며 focus on을 대신 사용해도 됩니다. on 뒤에는 명사나 동명사를 넣어 말해야 해요.

We're diversifying ~.

저희는 ~를 다각화할 것입니다.

We're diversifying
our markets.

저희는 판로를 다각화할 것입니다.

We're diversifying
our farming.

저희는 영농을 다각화할 것입니다.

We're diversifying
our product lines.

저희는 제품 라인을 다각화할 것입니다.

We're diversifying
our import sources.

저희는 수입원을 다각화할 것입니다.

We're diversifying
our tourism services.

저희는 관광 서비스를 다각화할 것입니다.

---

market 판로 farming 영농 import source 수입원 tourism service 여행 서비스

사업 확장이나 경영 개선을 위해 제품이나 사업 분야를 다각화하겠다는 계획을 밝힐 때 사용하는
패턴입니다. diversify는 '다각화하다, 다양화하다'라는 뜻입니다.

It is said that ~.

~라고 하더군요.

It is said that
it is easy to operate.

그것이 조작하기가 쉽다고 하더군요.

It is said that
our fashion models are cute.

우리 패션 모델들이 귀엽다고 하더군요.

It is said that
our gloves are easily put on.

우리 장갑이 착용하기 쉽다고 하더군요.

It is said that
its speed is about 80 gigabytes.

그것의 속도가 약 80기가바이트라고 하더군요.

It is said that
our products have more functions.

우리 제품이 더 많은 기능을 가지고 있다고 하더군요.

 다른 사람들의 말을 인용할 때 사용하는 패턴입니다. They said ~.나 People said ~.라고 직접
적으로 말하기보다는 이 패턴과 같이 살짝 돌려 말하는 방법이 더 많이 쓰입니다.

~ will be released.

~가 출시될 겁니다.

The new phone model will be released *next year*.

새로운 전화기 모델이 내년에 출시될 겁니다.

The new medicine will be released *early next week*.

신약은 다음 주 초에 출시될 겁니다.

A new line of air conditioners will be released *soon*.

새로운 기종의 에어컨이 곧 출시될 겁니다.

The horror movie won't be released *until next year*.

그 공포 영화는 내년까지는 개봉되지 않을 겁니다.

The sci-fi movie will be released *on DVD this Thursday*.

그 공상과학 영화는 이번 주 목요일에 DVD로 출시될 겁니다.

horror movie 공포 영화   sci-fi movie 공상과학 영화

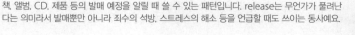
책, 앨범, CD, 제품 등의 발매 예정을 알릴 때 쓸 수 있는 패턴입니다. release는 무언가가 풀려난
다는 의미라서 발매뿐만 아니라 죄수의 석방, 스트레스의 해소 등을 언급할 때도 쓰이는 동사예요.

This product is famous for ~.

이 제품은 ~로 유명합니다.

This product is famous for *its unique design.*

이 제품은 독특한 디자인으로 유명합니다.

This product is famous for *its wide coverage.*

이 제품은 광범위한 보장 범위로 유명합니다.

This product is famous for *its natural ingredients.*

이 제품은 천연 성분으로 유명합니다.

This product is famous for *its exceptional quality.*

이 제품은 뛰어난 품질로 유명합니다.

This product is famous for *delivering accurate sound.*

이 제품은 정확한 소리를 전달하는 것으로 유명합니다.

---

unique 독특한   coverage (보험 등의) 보장 범위   natural ingredient 천연 성분
exceptional (예외적일 정도로) 뛰어난   accurate 정확한

 제품의 특징 중 널리 유명세를 타고 있는 장점을 말할 때 쓸 수 있는 패턴입니다. be famous for 는 '~로 유명하다'라는 뜻이에요. 반대로 악명이 높다고 할 때는 famous 대신 notorious를 사용하면 돼요.

One of the features is ~.

특징 중 하나는 ~입니다.

One of the features is
that it is very stable.

특징 중 하나는 그것이 매우 안정적이라는 것입니다.

One of the features is
that it contains few calories.

특징 중 하나는 칼로리 함량이 적다는 것입니다.

One of the features is
that it saves a lot of energy.

특징 중 하나는 그것이 많은 에너지를 절약한다는 것입니다.

One of the features is
the speed of Internet access.

특징 중 하나는 인터넷 접속 속도입니다.

One of the features is
the ability to download movies.

특징 중 하나는 영화를 다운로드할 수 있는 능력입니다.

---

contain 함유하다

특징 가운데 한 가지를 따로 짚어 언급하고자 할 때 사용하는 패턴입니다. One feature is ~.라고 해도 되지만 One of the features is ~.라고 하면 여러 가지 특징들 가운데 하나라는 의미가 강조됩니다.

~ is superior (to) ~.

~가 (~보다) 우수합니다.

This car is superior to others on the market.

이 차가 시장에 나와 있는 다른 차보다 우수합니다.

Wooden spoons are superior to metal spoons.

나무 숟가락이 금속 숟가락보다 우수합니다.

Our medicines are superior in terms of effectiveness.

우리 약이 효과 면에서 우수합니다.

Our traditional methods are superior to our new ones.

기존 방법들이 새로운 방법들보다 우수합니다.

Organic farming is superior to conventional agriculture.

유기농 농사가 재래식 농사보다 더 낫습니다.

---

conventional 재래식의

 두 개의 대상의 품질을 비교할 때 사용하는 패턴입니다. superior 뒤에 비교 대상이 나올 때는 than이 아니라 전치사 to를 쓴다는 점에 유의하세요. 열등함을 나타내고자 할 때는 superior 대신 inferior(열등한)를 쓰면 됩니다.

~ is effective in ~.

~는 ~에 효과가 있습니다.

It is effective in
treating chronic allergies.

그것은 만성적인 알레르기를 치료하는 데 효과가 있습니다.

This herb is effective in
preventing colds.

이 약초는 감기를 예방하는 데 효과가 있습니다.

This cream is effective in
reducing freckles.

이 크림은 기미를 줄이는 데 효과가 있습니다.

This method is effective in
preventing malaria.

이 방법은 말라리아를 예방하는 데 효과가 있습니다.

This shampoo is effective in
preventing hair loss.

이 샴푸는 탈모를 방지하는 데 효과가 있습니다.

chronic 만성적인 freckle 기미 hair loss 탈모

이 패턴은 제품의 사용 효과나 약품 등의 효능을 언급할 때 사용합니다. effective는 '효과가 있
는, 효능이 있는'이라는 뜻이에요. 반대로 '효과가 없는, 효능이 없는'은 ineffective라고 하지요.

Date.   ☐ ☐ ☐

This item is for ~.

이 품목은 ~를 위한 것입니다.

This item is for *professionals*.

이 품목은 전문가들을 위한 것입니다.

This item is for *smartphone users*.

이 품목은 스마트폰 사용자들을 위한 것입니다.

This item is for *healthcare workers*.

이 품목은 의료계 종사자들을 위한 것입니다.

This item is for *women with facial wrinkles*.

이 품목은 얼굴에 주름이 생긴 여성들을 위한 것입니다.

This item is for *businessmen who travel a lot*.

이 품목은 많이 여행하는 비지니스맨을 위한 것입니다.

---

professional 전문가   facial wrinkle 얼굴 주름(cf. fine wrinkle 잔주름   crow's foot 눈가 주름)

제품의 이용 대상자가 누구인지 언급할 때 사용하는 패턴입니다. 이때의 for는 '~를 위한'이라는 뜻의 전치사이므로, 뒤에는 해당 제품의 판매 대상을 쓰면 됩니다.

109

A : **We've just launched** *a new pickup truck.*

B : Could you tell us about its features?

......

A : **We've just launched** *a new line of 3-D printers.*

B : Congratulations!

feature 특징

110

A : I'm interested in your new pencil.

B : **It's designed to** *be comfortable to hold and use.*

......

A : **It is designed to** *be environmentally friendly.*

B : Nowadays, people think it's important.

environmentally friendly 환경 친화적인

111

A : Why should I buy your product?

B : **Its key feature is** *unavailable on any of our competitors' products.*

......

A : **Its key feature is** *its noise reduction.*

B : Could you explain it in detail?

112

A : Your product is more expensive than others.

B : *But* **a distinctive aspect of our product is** *its durability.*

......

A : **A distinctive aspect of our product is** *its material.*

B : How long can we use it for?

---

109 A : 새 픽업트럭을 막 출시했습니다. B : 특징을 말씀해 주시겠어요? | A : 새로운 3-D 프린터 기종을 막 출시했습니다. B : 축하합니다! **110** A : 귀사의 새로운 연필에 관심이 있습니다. B : 그것은 쥐고 사용하기에 편하도록 고안되었습니다. | A : 그것은 환경 친화적으로 고안되었습니다. B : 요즘 사람들은 그것이 중요하다고 생각하죠. **111** A : 제가 왜 귀사의 제품을 사야 하죠? B : 이 제품의 주요 특징은 우리 경쟁사들의 어떤 제품에서도 이용할 수가 없거든요. | A : 그것의 주요 특징은 소음 감소입니다. B : 구체적으로 설명해 주시겠어요? **112** A : 귀사 제품이 다른 제품보다 비싸네요. B : 하지만 저희 제품의 특징은 내구성입니다. | A : 저희 제품의 특징은 소재입니다. B : 얼마나 오래 사용할 수 있는데요?

113

A : For whom is this product designed?

B : **Our target market is** *Brazilians interested in Western films.*

......

A : **Our target market is** *pet owners.*

B : That's a brilliant idea.

brilliant 훌륭한

114

A : I agree with you.

B : *So* **we should concentrate on** *developing a better training program for the session.*

......

A : **We should concentrate on** *the domestic market.*

B : It's saturated.

domestic market 국내 시장(cf. overseas market 해외 시장)

115

A : **We're diversifying** *our products.*

B : Why?

......

A : **We're diversifying** *our business dealings.*

B : Which industry do you have in mind?

business dealing 사업 거래

116

A : I don't know why this product is so popular.

B : **It is said that** *it is more reliable than others.*

......

A : **It is said that** *our foods taste sweeter than our competitors.*

B : That's why our sales are declining.

decline 줄다

113 A : 이 제품은 누구를 위해 설계된 거죠? B : 저희의 목표 시장은 서부 영화에 관심이 있는 브라질 사람들입니다. | A : 저희의 목표 시장은 애완동물 주인들입니다. B : 멋진 생각이에요. **114** A : 당신 말에 동의해요. B : 따라서 우리는 그 세션을 위한 더 좋은 교육 프로그램을 개발하는 데 주력해야 합니다. | A : 우리는 국내 시장에 주력해야 합니다. B : 포화 상태예요. **115** A : 저희는 제품을 다각화할 것입니다. B : 왜요? | A : 저희는 사업 거래를 다각화할 것입니다. B : 어떤 산업을 염두에 두고 계시죠? **116** A : 이 제품이 그렇게 인기 있는 이유를 모르겠어요. B : 다른 제품들보다 더 믿을 만하다고 하던데요. | A : 우리 음식이 경쟁사들 것보다 더 달다고 하더군요. B : 그게 우리 매출이 주는 이유군요.

117

A : When will it be in theaters?

B : *It* **will be released** *next month.*

......

A : *The government's report about the new airport* **will be released** *soon.*

B : Now we can see how corrupt the government is.

corrupt 부패한

118

A : **This product is famous for** *having high fuel efficiency.*

B : Really?

......

A : **This product is famous for** *amazing weight loss results.*

B : Yes, take a closer look at this chart.

119

A : Could you describe some of its features?

B : **One of the features is** *that it has just one button.*

......

A : **One of the features is** *that it enables us to work efficiently.*

B : That's why people love it.

120

A : *This* **is superior to** *iPhone.*

B : In terms of what?

......

A : *Our ships* **are superior to** *any foreign ships at the same price.*

B : Could you tell me why you think so?

---

117 A : 언제 극장에 나와요? B : 다음 달에 개봉될 겁니다. | A : 새 공항에 대한 정부 보고서가 곧 발간될 겁니다. B : 이제 정부가 얼마나 부패했는지 알 수 있겠군요. **118** A : 이 제품은 고효율 연료로 유명합니다. B : 그래요? | A : 이 제품은 놀라운 체중 감량 결과로 유명합니다. B : 네, 이 도표를 자세히 보세요. **119** A : 그것의 특징 몇 가지를 설명해 주시겠어요? B : 특징 중 하나는 버튼이 하나뿐이라는 거예요. | A : 특징 중 하나는 우리가 효율적으로 일할 수 있게 해 준다는 것입니다. B : 그게 사람들이 좋아하는 이유군요. **120** A : 이 제품이 아이폰보다 우수합니다. B : 어떤 면에서요? | A : 우리 배가 같은 가격의 외국 배보다 우수합니다. B : 왜 그렇게 생각하시는지 말씀해 주시겠어요?

121

A : Could you tell us about it?

B : *It* **is effective in** *making people lose weight.*

......

A : Have you ever heard of the campaign?

B : *It* **is effective in** *promoting economic growth.*

122

A : Let me lift it.

B : **This item is for** *women.*

......

A : This item is very light.

B : **This item is for** *children between the ages of 5 and 15.*

121 A : 그것에 대해 설명해 주시겠어요? B : 체중 감량에 효과가 있습니다. | A : 그 캠페인에 대해서 들어 본 적이 있어요? B : 그게 경제 성장을 촉진하는 데 효과가 있습니다. **122** A : 들어 볼게요. B : 이 품목은 여성들을 위한 것입니다. | A : 이 품목이 아주 가볍습니다. B : 이 품목은 5세에서 15세 사이의 아이들을 위한 것입니다.

194

Chapter 14

제품에 대해 문의하기

이번 Chapter에서는 관심 있는 제품에 대해 문의할 때 쓰는 표현을 익혀 봅니다. 무게, 외양, 가격 등 제품에 대한 구체적인 정보를 물어보며 제품 경쟁력을 확인해 봅시다.

123 I'd like to ask you about ~.

124 Where can I get ~?

125 ~ is getting popular.

126 ~ is out of stock.

127 How much does ~ weigh?

128 What does ~ look like?

129 What's the price of ~?

I'd like to ask you about ~.

~에 대해 묻고 싶습니다.

I'd like to ask you about *shipping costs*.

배송비에 대해 묻고 싶습니다.

I'd like to ask you about *the battery life*.

배터리 수명에 대해 묻고 싶습니다.

I'd like to ask you about *its specifications*.

그것의 사양에 대해 묻고 싶습니다.

I'd like to ask you about *how long it lasts*.

그것이 얼마나 지속되는지에 대해 묻고 싶습니다.

I'd like to ask you about *its operating system*.

그것의 운영 체제에 대해 묻고 싶습니다.

specification 사양   operating system 운영 체제

 상품을 구매하기에 앞서 상품 정보를 물어보고자 할 때 쓸 수 있는 패턴입니다. about 뒤에 상품의 크기, 무게, 사양 등 원하는 것을 넣어 물어보면 됩니다. 좀 더 격식 있는 표현으로 Can I get some information on ~?을 대신 쓸 수 있습니다.

Where can I get ~?

~을 어디에서 구할 수 있습니까?

Where can I get *these motor parts*?

이 모터 부품들을 어디에서 구할 수 있습니까?

Where can I get *the research report*?

연구 보고서를 어디에서 구할 수 있습니까?

Where can I get *peripherals for this laptop*?

이 노트북의 주변 기기를 어디에서 구입할 수 있습니까?

Where can I get *a portable hard drive*?

휴대용 하드 디스크 드라이브를 어디에서 구입할 수 있습니까?

Where can I get
more information about this TV set?

이 TV에 대한 더 많은 정보를 어디에서 구할 수 있습니까?

part 부품   peripheral (equipment) 주변 기기

물건을 구입하거나 정보 입수가 가능한 곳 등을 물어볼 때 쓰는 패턴입니다. get 동사는 '얻다, 구하다' 외에 '구입하다', '받다', '도달하다', '알아내다' 등 다양한 뜻으로 쓰여요.

~ is getting popular.

~가 인기를 끌고 있어요.

Smartwatches are getting popular.

스마트 워치가 인기를 끌고 있어요.

Online shopping is getting popular.

온라인 쇼핑이 인기를 끌고 있어요.

Indoor rock climbing is getting popular.

실내 암벽 등반이 인기를 끌고 있어요.

Virtual reality technology is getting popular.

가상현실 기술이 인기를 끌고 있어요.

Yoga is getting popular *with young women*.

젊은 여성들 사이에서 요가가 인기를 끌고 있어요.

---

indoor rock climbing 실내 암벽 등반 virtual reality technology 가상현실 기술

이 패턴은 인기를 끌고 있는 제품이나 장소 등을 언급할 때 쓸 수 있습니다. 이때 get은 '~가 되다'라는 뜻으로 getting 대신 becoming으로 바꾸어 말해도 됩니다.

~ is out of stock.

~는 재고가 동이 났습니다.

Our new products are out of stock.

우리 신제품은 재고가 동이 났습니다.

That brand of cigarettes is out of stock.

저 브랜드의 담배는 재고가 동이 났습니다.

All his books are *temporarily* out of stock.

그의 책은 모두 일시적으로 재고가 동이 났습니다.

The shoes you're looking for are out of stock.

찾고 계신 신발은 재고가 동이 났습니다.

American-grown cotton is *currently* out of stock.

미국산 면화는 현재 재고가 동이 났습니다.

이 패턴은 제품의 재고가 동이 났을 때 사용합니다. 현재는 재고가 없지만 재주문을 해 놓은 상태라고 할 때는 It's out of stock, but on reorder.라고 하세요.

How much does ~ weigh?

~는 무게가 얼마나 나갑니까?

How much does *the lamp* weigh?

램프는 무게가 얼마나 나갑니까?

How much does *the model* weigh?

그 모형은 무게가 얼마나 나갑니까?

How much does *the monitor* weigh?

그 모니터는 무게가 얼마나 나갑니까?

How much does *this backpack* weigh?

이 배낭은 무게가 얼마나 나갑니까?

How much does *the prototype* weigh?

시제품은 무게가 얼마나 나갑니까?

---

prototype 시제품

물건의 무게를 물을 때 사용하는 패턴입니다. weigh는 '무게가 ~ 나가다'라는 뜻의 동사인데,
What is the weight of ~?와 같이 weigh의 명사형인 weight을 이용하여 물을 수도 있어요.

What does ~ look like?

~는 어떻게 생겼습니까?

What does *the manager* look like?

매니저는 어떻게 생겼습니까?

What does *the new product* look like?

신제품은 어떻게 생겼습니까?

What does *the new car model* look like?

신차 모델은 어떻게 생겼습니까?

What does *the new company logo* look like?

새로운 회사 로고는 어떻게 생겼습니까?

What does *the wearable computer* look like?

착용 가능한 컴퓨터는 어떻게 생겼습니까?

wearable 착용 가능한

사람이나 물건의 생김새를 물을 때 사용하는 패턴입니다. 이 표현에서의 like는 '좋아하다'라는 뜻의 동사가 아니라 '~처럼'이란 뜻의 전치사로 쓰였어요. 같은 뜻의 다른 패턴으로는 How does ~ look?이 있습니다.

What's the price of ~?

~는 얼마입니까?

What's the price of *this light bulb*?

이 전구는 얼마입니까?

What's the price of *this whiteboard*?

이 화이트보드는 얼마입니까?

What's the price of *this set of markers*?

이 마커펜 세트는 얼마입니까?

What's the price of *the toner cartridge*?

토너 카트리지는 얼마입니까?

What's the price of *this paper shredder*?

이 문서 파쇄기는 얼마입니까?

가격을 물어보는 가장 기본적인 패턴입니다. 종종 How much is the price of ~?라고 말하는 경우를 들을 수 있는데, 이것은 틀린 표현입니다. How much를 사용하여 물으려면 How much is ~?라고 해야 합니다.

123

A : It's on sale, so you can buy it for $99.

B : **I'd like to ask you about** *the colors it comes in*.

......

A : **I'd like to ask you about** *how much it weighs*.

B : It's as light as a feather.

124

A : **Where can I get** *it then*?

B : I think you can buy it online.

......

A : **Where can I get** *further information about this medicine*?

B : You can find it on our website.

125

A : I don't like black. It's too dark.

B : *But it* **is getting popular**.

......

A : *Korean television dramas* **are getting popular** *throughout Asian countries*.

B : That's incredible!

126

A : *We* **are out of stock** *at the moment*.

B : So when is it available?

......

A : Do you carry pink shirts?

B : *They* **are** *currently* **out of stock**.

carry 취급하다

123 A : 그것은 할인 중이라서, 99달러에 구매할 수 있으세요. B : 나오는 색상에 대해 묻고 싶은데요. | A : 그것의 무게에 대해 묻고 싶습니다. B : 깃털만큼 가벼워요. **124** A : 그럼 어디에서 구입할 수 있나요? B : 온라인에서 구입하실 수 있을 겁니다. | A : 이 약에 대한 추가 정보를 어디에서 구할 수 있습니까? B : 저희 웹사이트에서 찾을 수 있어요. **125** A : 검은 색은 별로예요. 너무 어두워요. B : 하지만 인기를 끌고 있어요. | A : 한국 텔레비전 드라마가 아시아 국가들 전역에서 인기를 끌고 있어요. B : 믿을 수가 없어요! **126** A : 현재 재고가 없어요. B : 그럼 언제 구입 가능하죠? | A : 핑크 셔츠 있어요? B : 현재 재고가 동이 났습니다.

127

A : **How much does** *it* **weigh?**

B : It weighs about one kilo.

......

A : **How much does** *the wooden desk* **weigh?**

B : That's the one that weighs the least.

wooden 목재의(cf. iron 철제의 glass 유리의 plastic 플라스틱의)

128

A : **What does** *a paper shredder* **look like?**

B : A small electric one looks like a plastic box.

......

A : **What does a** *disposable dust mask* **look like?**

B : It's like the one that we used to wear during the COVID-19 pandemic.

disposable 일회용의 dust mask 미세먼지 마스크

129

A : **What's the price of** *this model*?

B : For export, it's priced around $3,500.

......

A : **What's the price of** *this built-in furniture*?

B : It's not for sale.

built-in 붙박이의

127 A : 무게가 얼마나 나가나요? B : 1킬로그램 정도 나가요. | A : 그 목재 책상은 무게가 얼마나 나갑니까? B : 저게 무게가 가장 덜 나갑니다. **128** A : 문서 파쇄기는 어떻게 생겼어요? B : 소형전기 기구로 플라스틱 상자처럼 생겼어요 | A : 일회용 미세먼지 마스크는 어떻게 생겼습니까? B : 코로나 때 썼던 것처럼요. **129** A : 이 모델은 얼마죠? B : 수출용으로는 3,500달러 정도로 책정돼 있어요. | A : 이 붙박이 가구는 얼마입니까? B : 판매용 아닌데요.

Chapter 15

주문하기

이번에는 제품을 주문할 때 유용하게 사용할 수 있는 패턴들을 알아봅니다. 견적을 요청하거나 배송 수단과 기간, 결제 수단, 품질 보증 관련 사항을 문의할 때 활용할 수 있는 표현을 연습해 봅시다.

130 Could you give me an estimate on ~?

131 We'd like to place an order for ~.

132 Can you ship ~ by ~?

133 How soon can you deliver ~?

134 Can you make payment by ~?

135 What's the warranty period for ~?

136 What warranty do you offer on ~?

Could you give me an estimate on ~? ~에 대한 견적을 내 주시겠습니까?

Could you give me an estimate on *creating a website*?

웹 사이트 제작에 대한 견적을 내 주시겠습니까?

Could you give me an estimate on *installing the software*?

소프트웨어 설치에 대한 견적을 내 주시겠습니까?

Could you give me an estimate on *the cost of the lawsuit*?

소송 비용에 대한 견적을 내 주시겠습니까?

Could you give me an estimate on *these promotional gifts*?

이 판촉 선물들에 대한 견적을 내 주시겠습니까?

Could you give me an estimate on *our yearly office supplies*?

저희의 연간 사무용 소모품에 대한 견적을 내 주시겠습니까?

lawsuit 소송 promotional gift 판촉 선물 office supplies 사무용 소모품

 이 패턴은 프로젝트, 서비스 또는 제품의 비용, 시간 또는 범위에 대한 대략적인 아이디어를 얻고 싶을 때 자주 사용됩니다.

We'd like to place an order for ~.

~를 주문하고 싶습니다.

We'd like to place an order for *this flowerpot.*

이 화분을 주문하고 싶습니다.

We'd like to place an order for *1,000 units of it.*

그것을 1,000개 주문하고 싶습니다.

We'd like to place an order for *five boxes of clear files.*

클리어 파일 다섯 상자를 주문하고 싶습니다.

We'd like to place an order for *a box of disposable cups.*

일회용 컵 한 상자를 주문하고 싶습니다.

We'd like to place an order for *a number of your office chairs.*

사무용 의자를 많이 주문하고 싶습니다.

flowerpot 화분

주문을 할 때 쓰는 패턴입니다. place an order는 '주문을 하다'라는 뜻이에요. order를 명사가 아닌 동사로 써서 I'd like to order ~.라고 해도 됩니다.

Can you ship ~ by ~?

~를 ~로 보내 주시겠습니까?

Can you ship
this cargo by *air*?

이 화물을 항공편으로 보내 주시겠습니까?

Can you ship
my order by *rail*?

철도로 제 주문품을 보내 주시겠습니까?

Can you ship
them by *cargo ship*?

화물선으로 그것들을 보내 주시겠습니까?

Can you ship
those items by *truck*?

저 품목들을 트럭으로 보내 주시겠습니까?

Can you ship
the containers by *sea*?

컨테이너들을 배로 보내 주시겠습니까?

cargo 화물

 화물의 운송 방법을 지정해서 요청하고 싶을 때 사용하는 표현입니다. ship은 배뿐만 아니라 다른 운송 수단을 나타내는 말과도 함께 쓸 수 있어요. 운송 수단은 「by+운송 수단/운송 경로」 형태로 씁니다.

How soon can you deliver ~?

~은 배달까지 얼마나 걸립니까?

How soon can you deliver *the notepads*?

그 노트패드는 배달까지 얼마나 걸립니까?

How soon can you deliver *the motorbike*?

그 오토바이는 배달까지 얼마나 걸립니까?

How soon can you deliver *a box of A4 paper*?

A4 용지 한 상자는 배달까지 얼마나 걸립니까?

How soon can you deliver *the core parts for it*?

그것의 핵심 부품은 배달까지 얼마나 걸립니까?

How soon can you deliver *if I place an order this weekend*?

이번 주말에 주문하면 배달까지 얼마나 걸립니까?

core part 핵심 부품

주문품의 납기일이 궁금할 때 사용할 수 있는 패턴입니다. How soon(얼마나 빨리) 대신 How long을 써서 물으려면 How long does it take you to deliver ~?라고 하면 됩니다.

□ □ □

Can you make payment by ~?

~(로/까지) 결제하시겠습니까?

Can you make payment by *May*?

5월까지 결제할 수 있으십니까?

Can you make payment by *check*?

수표로 결제하시겠습니까?

Can you make payment by *tomorrow*?

내일까지 결제할 수 있으십니까?

Can you make payment by *next week*?

다음 주까지 결제할 수 있으십니까?

Can you make payment by *credit card*?

신용카드로 결제하시겠습니까?

---

check 수표(cf. bank transfer 은행 이체   bank account 은행 계좌)

 결제 방법을 물을 때 사용하는 패턴으로 by 뒤에는 결제 수단을 넣어 말하면 됩니다. 그런데 by 뒤에 시간을 나타내는 말을 넣으면 결제 기한을 묻는 말이 됩니다.

What's the warranty period for ~?   ~의 품질 보증 기간은 얼마나 됩니까?

What's the warranty period for
this gas boiler?

이 가스 보일러의 품질 보증 기간은 얼마나 됩니까?

What's the warranty period for
these batteries?

이 배터리들의 품질 보증 기간은 얼마나 됩니까?

What's the warranty period for
these computers?

이 컴퓨터들의 품질 보증 기간은 얼마나 됩니까?

What's the warranty period for
this compressor?

이 압축기의 품질 보증 기간은 얼마나 됩니까?

What's the warranty period for
these LCD monitors?

이 LCD 모니터들의 품질 보증 기간은 얼마나 됩니까?

gas boiler 가스 보일러(cf. oil boiler 기름 보일러)

이 패턴은 품질 보증 기간을 묻고자 할 때 사용합니다. How long이라고 하지 않고 What을 사
용하여 묻는다는 점에 주의하세요. warranty 대신 guarantee를 넣어 말해도 같은 뜻이에요.

Date.

☐ ☐ ☐

What warranty do you offer on ~? ~에 대해 어떤 품질 보증을 제공합니까?

What warranty do you offer on
the photocopier?

복사기에 대해 어떤 품질 보증을 제공합니까?

What warranty do you offer on
these accessories?

이 액세서리들에 대해 어떤 품질 보증을 제공합니까?

What warranty do you offer on
your door systems?

도어 시스템에 대해 어떤 품질 보증을 제공합니까?

What warranty do you offer on
this sewing machine?

이 재봉틀에 대해 어떤 품질 보증을 제공합니까?

What warranty do you offer on
this hard drive?

이 하드 디스크 드라이브에 대해 어떤 품질 보증을 제공합니까?

---

sewing machine 재봉틀

 어떤 제품에 대한 품질 보증 내용이 궁금할 땐 이 패턴을 활용하세요. on 뒤에는 제품의 이름을 넣어 말하면 됩니다. warranty 대신 benefit(혜택), service(서비스), program(프로그램) 등을 넣어 다양하게 활용할 수 있어요.

130

A : **Could you give me an estimate on** *this processor*?

B : It's currently priced at $150 per unit.

......

A : **Could you give me an estimate on** *installing the vending machine*?

B : It's on sale.

install 설치하다   vending machine 자동판매기

131

A : **I'd like to place an order for** *10,000 units if you throw in the accessories free of charge*.

B : Well, I can't give you any kind of commitment right now.

......

A : **We'd like to place an order for** *500 units of this cell phone holder*.

B : It has been discontinued.

cell phone holder 휴대 전화 거치대

132

A : How do you want them shipped?

B : **Can you ship** *them* **by** *sea*?

......

A : Your order's ready.

B : **Can you ship** *these parts* **by** *freight train*?

freight train 화물 열차

133

A : **How soon can you deliver** *it*?

B : Within two months after your L/C arrives.

......

A : **How soon can you deliver** *after the date on the bill of landing*?

B : I need to check the production capacity first.

L/C(= letter od credit) 신용장   bill of landing 선하증권(cf. 'B/L'로 줄여 쓰기도 합니다.)

---

130 A : 이 프로세서에 대한 견적을 내 주시겠어요? B : 현재는 개당 150달러로 책정돼 있습니다. | A : 자동판매기 설치에 대한 견적을 내 주시겠습니까? B : 세일 중입니다. **131** A : 10,000개를 주문하고 싶어요. 단, 부대 용품을 무료로 주신다면요. B : 음, 당장은 뭐라고 약속을 드릴 수가 없네요. | A : 이 휴대 전화 거치대를 500개 주문하고 싶습니다. B : 단종되었습니다. **132** A : 어떻게 보내 드릴까요? B : 배로 보내 주시겠어요? | A : 주문품이 준비되었습니다. B : 이 부품들을 화물 열차로 보내 주시겠습니까? **133** A : 배달까지 얼마나 걸리나요? B : 신용장이 도착하고 나서 두 달 이내입니다. | A : 선 하증권 발행일로부터 배달까지 얼마나 걸립니까? B : 우선 생산 능력을 확인해 봐야 합니다.

134

A : **Can you make payment by** *letter of credit*?

B : Of course. And I'll fax my order to you in 10 minutes.

......

A : **Can you make payment by** *bank transfer*?

B : Please let me know your bank account number.

135

A : **What's the warranty period for** *this laptop*?

B : It's good for one and a half years.

......

A : **What's the warranty period for** *this credit card reader*?

B : Two years.

credit card reader 신용카드 판독기

136

A : **What warranty do you offer on** *this*?

B : We only cover servicing for regular maintenance.

......

A : Do you have any questions?

B : **What warranty do you offer on** *this coin counting machine*?

coin counting machine 동전 세는 기계

134 A : 신용장으로 결제하시겠습니까? B : 물론이죠. 10분 안에 팩스로 주문을 넣겠습니다. | A : 은행 이체로 결제하시겠습니까? B : 은행 계좌 번호를 알려 주세요. **135** A : 이 노트북의 품질 보증 기간은 얼마나 되죠? B : 1년 반 동안 유효합니다. | A : 이 신용카드 판독기의 품질 보증 기간은 얼마나 됩니까? B : 2년이요. **136** A : 이것에 대해 어떤 품질 보증을 제공하나요? B : 일반적인 유지보수 서비스만 보증합니다. | A : 질문 있으세요? B : 이 동전 세는 기계에 대해 어떤 품질 보증을 제공합니까?

Chapter 16

불만 및 문제 처리하기

제품에 대한 불만을 말할 때 그에 응답하는 패턴을 익혀 봅니다. 제품을 사용하다 보면 고장이 나거나 결함이 발견되는 경우가 종종 생깁니다. 반대로 우리 제품에 대한 불만이 접수되는 경우도 있고요. 이번 Chapter에서는 제품에 대한 불만을 말하거나, 상대가 우리 제품에 대한 불만을 말할 때 그에 응답하는 패턴을 익혀 봅니다.

137 ~ broke down.

138 I'm not happy with ~.

139 It's against company policy to ~.

140 Can I get a refund on ~?

~ **broke down.**

~가 고장 났어요.

The router **broke down**
all of a sudden.

라우터가 갑자기 고장 났어요.

The fire alarm system **broke down**
again.

화재경보 시스템이 또 고장 났어요.

The RFID reader **broke down**
an hour ago.

한 시간 전에 RFID 판독기가 고장 났어요.

The machine you lent me **broke down**
last night.

제게 빌려주신 기계가 지난밤에 고장 났어요.

The water pump **broke down**
two times last year.

양수기가 작년에 두 번 고장 났어요.

---

fire alarm system 화재경보 시스템(cf. fire extinguisher 소화기 fire exit 비상구) water pump 양수기

물건이 고장 났다고 알릴 때 사용하는 패턴입니다. break down은 '고장 나다'라는 뜻으로 be not working properly 또는 be out of order도 같은 뜻으로 사용할 수 있습니다.

I'm not happy with ~.

~가 마음에 안 듭니다.

I'm not happy with
your products.

귀사의 제품들이 마음에 안 듭니다.

I'm not happy with
the warranty period.

보증 기간이 마음에 안 듭니다.

I'm not happy with
your banking services.

귀 은행의 서비스가 마음에 안 듭니다.

I'm not happy with
the final payment date.

최종 결제일이 마음에 안 듭니다.

I'm not happy with
the room service workers.

룸서비스 직원들이 마음에 안 듭니다.

final payment date 최종 결제일(cf. first payment date 최초 결제일)

제품이나 서비스에 문제가 있거나 만족스럽지 않을 때는 이 패턴을 사용합니다. be happy with
는 be satisfied with와 같은 뜻이므로 I'm not satisfied with ~.라고 말해도 됩니다.

It's against company policy to ~.

~는 회사 정책에 어긋납니다.

It's against company policy to *accept Bitcoin.*

비트코인을 받는 것은 회사 정책에 어긋납니다.

It's against company policy to *offer refunds.*

환불해 드리는 것은 회사 정책에 어긋납니다.

It's against company policy to *extend a warranty.*

품질 보증을 연장하는 것은 회사 정책에 어긋납니다.

It's against company policy *not* to *take annual leave.*

연가를 내지 않는 것은 회사 정책에 어긋납니다.

It's against company policy to *sell this product overseas.*

해외로 이 제품을 파는 것은 회사 정책에 어긋납니다.

annual leave 연가(cf. monthly leave 월차)

 무리한 요구를 하는 사람에게 규정이나 정책상의 위반 여부를 언급하면서 요구를 철회하도록 설득할 때 이 패턴을 씁니다. against는 '~에 반하는, ~에 어긋나는'이라는 뜻입니다.

Can I get a refund on ~?

~을 환불받을 수 있을까요?

Can I get a refund on *this toolbox*?

이 도구함을 환불받을 수 있을까요?

Can I get a refund on *this air washer*?

이 공기 청정기를 환불받을 수 있을까요?

Can I get a refund on *this water purifier*?

이 정수기를 환불받을 수 있을까요?

Can I get a refund on *this beam projector*?

이 빔 프로젝터를 환불받을 수 있을까요?

Can I get a refund on *these pots and pans*?

이 냄비와 팬을 환불받을 수 있을까요?

---

air washer 공기 청정기   water purifier 정수기

이 패턴은 환불 문의를 할 때 사용하는 패턴입니다. '환불을 받다'는 get a refund나 receive a refund라고 하고, '환불해 주다'는 offer a refund나 give someone a refund라고 합니다.

137

A : *All the ATMs that we bought from your company* **broke down** *yesterday*.

B : We are terribly sorry for the inconvenience.

......

A : *My iPad* **broke down** *this morning*.

B : Please let me know the model number.

138

A : **I'm not happy with** *your delivery service*.

B : Could you tell me what's wrong?

......

A : **I'm not happy with** *our terms and conditions of business*.

B : What are you concerned about?

terms (and conditions) of business 거래 약정

139

A : The same product by your competitor is cheaper.

B : **It's against company policy to** *lower our price*.

......

A : I met the client by myself to deal with it.

B : **It's against company policy to** *meet with clients privately*.

privately 사적으로

140

A : My watch doesn't accurately tell the time. **Can I get a refund on** *it*?

B : Okay, I'm sure we can do that.

......

A : **Can I get a refund on** *the smartphone I bought last week*?

B : Do you have the receipt?

---

137 A : 귀사에서 구입한 현금 자동 지급기가 어제 전부 고장 났어요. B : 불편을 끼쳐 드려 정말 죄송합니다. | A : 오늘 아침에 제 아이패드가 고장 났어요. B : 모델 번호를 알려 주세요. **138** A : 배달 서비스가 마음에 안 듭니다. B : 무슨 일 때문인지 알려 주시겠어요? | A : 거래 약정이 마음에 안 듭니다. B : 어디가 걱정이세요? **139** A : 귀사의 경쟁사에서 나온 동일 제품이 더 저렴해요. B : 저희 가격을 낮추는 것은 회사 정책에 어긋납니다. | A : 그것을 해결하려고 혼자 고객을 만났습니다. B : 고객을 사적으로 만나는 것은 회사 정책에 어긋납니다. **140** A : 시계가 시간이 정확히 맞지를 않아요. 환불받을 수 있을까요? B : 네, 그러실 수 있으세요. | A : 지난주에 산 스마트폰을 환불받을 수 있을까요? B : 영수증 있으세요?

Chapter 17

프레젠테이션 시작하기

프레젠테이션을 시작하면서 가장 먼저 해야 할 것은 발표자를 소개하는 것입니다. 자기소개를 할 때는 이름과 직책, 자신이 맡은 업무 등을 밝혀야 하고요. 그 다음에 프레젠테이션의 목적과 구성, 소요 시간 등 프레젠테이션의 개요에 대해서 설명해야 합니다.

141 Let's give a warm welcome to ~.

142 I'm ~.

143 I'm working as ~.

144 I'm in charge of ~.

145 The purpose of my presentation is to ~.

146 My presentation is broken down into ~.

147 You can ask me questions ~.

148 The presentation will take ~.

Let's give a warm welcome to ~.

~를 따뜻하게 맞이합시다.

Let's give a warm welcome to *Mr. Hawthorn.*

호손 씨를 따뜻하게 맞이합시다.

Let's give a warm welcome to *Ms. Karen Brown.*

캐런 브라운 씨를 따뜻하게 맞이합시다.

Let's give a warm welcome to *our project manager.*

우리의 프로젝트 매니저를 따뜻하게 맞이합시다.

Let's give a warm welcome to *our new charity partners.*

우리의 새로운 자선 사업 파트너를 따뜻하게 맞이합시다.

Let's give a warm welcome to *the president of the GTF.*

GTF의 회장님을 따뜻하게 맞이합시다.

연사나 발표자를 소개하고 나서 환영 인사를 할 때 사용하는 패턴입니다. Let's have a round of applause for ~.(~를 큰 박수로 맞이합시다.)도 비슷한 의미로 사용할 수 있어요.

I'm ~.

저는 ~입니다.

I'm *Derek Parker,*
the manager of this project.

저는 이 프로젝트의 관리자인 데릭 파커입니다.

I'm *Jessica McGraw,*
senior marketing manager.

저는 마케팅 부장인 제시카 맥그로입니다.

I'm *Stephen Han*
from the Planning Department.

저는 기획부의 스티븐 한입니다.

I'm *Harriet Thompson, and I work*
at LG Electronics.

저는 LG전자에서 일하는 해리엇 톰슨입니다.

I'm *James Lee and*
I work here as an accountant.

저는 제임스 리인데, 이곳에서 회계사로 근무하고 있습니다.

---

senior marketing manager 마케팅 부장   Planning Department 기획부

이 패턴은 자기소개를 할 때 사용합니다. I'm 뒤에는 이름이나 직책 또는 소속이 어디인지 언급되
면 됩니다. 이름만 말할 때는 My name is ~.라고 해도 됩니다.

I'm working as ~.

~로 일하고 있습니다.

I'm working as *a medical doctor.*

의사로 일하고 있습니다.

I'm working as *an English teacher.*

영어 선생으로 일하고 있습니다.

I'm working as *a corporate lawyer.*

기업 변호사로 일하고 있습니다.

I'm working as *a marketing manager.*

마케팅 부장으로 일하고 있습니다.

I'm working as *a store manager here.*

이곳에서 매장 관리자로 일하고 있습니다.

---

corporate lawyer 기업 변호사

 이 패턴은 자기소개를 하면서 자신이 맡고 있는 업무나 직책을 말할 때 사용합니다. 이 패턴은 현재의 상황만을 언급하지만, 대신 I'm 대신 I've been을 사용하여 I've been working as ~.라고 하면 과거부터 지금까지 죽 일해 오고 있다는 의미를 나타내게 됩니다.

Date. ·   ·   □ □ □

I'm in charge of ~.

~를 담당하고 있습니다.

I'm in charge of *editing videos.*

영상 편집을 담당하고 있습니다.

I'm in charge of *overseas sales.*

해외 영업을 담당하고 있습니다.

I'm in charge of *managing this factory.*

이 공장의 관리를 담당하고 있습니다.

I'm in charge of *the Export Department.*

수출 부서를 맡고 있습니다.

I'm in charge of *the Planning Department.*

기획부를 맡고 있습니다.

edit 편집하다   manage 관리하다

담당 업무를 말할 때 사용하는 패턴입니다. be in charge of ~는 '~를 담당하다' 또는 '~를 맡다'라는 뜻으로 be responsible for ~로도 바꾸어 쓸 수 있습니다.

The purpose of my presentation is to ~.

제 프레젠테이션의 목적은
~하는 것입니다.

The purpose of my presentation is to
introduce our product lineup.

제 프레젠테이션의 목적은 제품 라인업을 소개하는 것입니다.

The purpose of my presentation is to
outline our company's policies.

제 프레젠테이션의 목적은 저희 회사 정책의 개요를 설명하는 것입니다.

The purpose of my presentation is to
explain to you the market situation.

제 프레젠테이션의 목적은 여러분께 시장 상황을 설명 드리는 것입니다.

The purpose of my presentation is to
help you understand the copyright issue.

제 프레젠테이션의 목적은 저작권 사안에 대한 이해를 돕고자 하는 것입니다.

The purpose of my presentation is to
teach you how to work in an efficient way.

제 프레젠테이션의 목적은 여러분께 효율적으로 일하는 방식을 가르쳐 드리는 것입니다.

---

company policy 회사 정책   market situation 시장 상황   in an efficient way 효율적인 방식으로

 이 패턴은 프레젠테이션의 목적을 말할 때 사용합니다. 더 간단히 말하고자 한다면 My presentation is about ~.이라는 패턴을 사용해도 됩니다.

My presentation is broken down into ~. 제 프레젠테이션은 ~로 나뉩니다.

My presentation is broken down into *several parts.*

제 프레젠테이션은 몇 부분으로 나뉩니다.

My presentation is broken down into *two concepts.*

제 프레젠테이션은 두 개의 콘셉트로 나뉩니다.

My presentation is broken down into *three segments.*

제 프레젠테이션은 세 부분으로 나뉩니다.

My presentation is broken down into *three basic ideas.*

제 프레젠테이션은 세 개의 기본 아이디어로 나뉩니다.

My presentation is broken down into *two main sections.*

제 프레젠테이션은 두 개의 주요 부분으로 나뉩니다.

프레젠테이션의 구성 내용을 개략적으로 언급할 때 사용하는 패턴입니다. be broken down into는 '~로 분류되다'라는 뜻인데 be divided into로 바꿔 말해도 됩니다.

You can ask me questions ~.

~ 질문하시면 됩니다.

You can ask me questions *by phone.*

전화로 질문하시면 됩니다.

You can ask me questions *if you want.*

원하시면 질문하셔도 됩니다.

You can ask me questions *by text message.*

문자로 질문하시면 됩니다.

You can ask me questions *during the break.*

휴식 시간에 질문하시면 됩니다.

You can ask me questions *after my presentation.*

프레젠테이션이 끝난 후에 질문하시면 됩니다.

text message 문자 메시지 break 휴식 시간

 이 패턴은 질문할 수 있는 시간이나 질문 방법을 알릴 때 사용합니다. 참고로 질문을 해도 되는지 물을 때는 Can I ask you a question?이라고 하면 됩니다.

The presentation will take ~.

프레젠테이션은 ~가 걸립니다.

The presentation will take
15 minutes.

프레젠테이션은 15분이 걸립니다.

The presentation will take
half an hour.

프레젠테이션은 30분이 걸립니다.

The presentation will take
40 minutes or so.

프레젠테이션은 40분 정도 걸립니다.

The presentation will take
at least 30 minutes.

프레젠테이션은 적어도 30분은 걸립니다.

The presentation will take
less than 10 minutes.

프레젠테이션은 채 10분도 안 걸립니다.

발표 예정 시간을 말할 때 쓰는 패턴입니다. '(시간이) 걸리다'라는 뜻의 take 동사 대신 '계속되다'
라는 뜻의 동사 last를 사용하여 The presentation will last ~.라고 해도 됩니다.

141

A : **Let's give a warm welcome to** *her.*

B : Thank you for inviting me.

......

A : **Let's give a warm welcome to** *Yao Ming, the CEO of Asia Airlines.*

B : I'm honored to be here.

airlines 항공사   honored 영광인

142

A : Would you please introduce yourself?

B : **I'm** *Catherine Woods, and I work in sales.*

......

A : **I'm** *Jina Shultz, and I'm responsible for the health of our workers.*

B : Thank you for coming tonight.

responsible for ~를 맡은/책임지는

143

A : **I'm working as** *an accountant.*

B : So am I.

......

A : **I'm working as** *a software engineer.*

B : I hear you often work overtime.

accountant 회계사   work overtime 잔업하다

144

A : **I'm in charge of** *sales in Denmark.*

B : I've been working there for about five years.

......

A : **I'm in charge of** *the special projects team.*

B : You must feel burdened.

burdened 부담스러운

---

141 A : 그녀를 따뜻하게 맞이합시다. B : 초대해 주셔서 감사해요. | A : 아시아 항공의 CEO인 야오 밍을 따뜻하게 맞이합시다. B : 이 자리에 있어 영광입니다. **142** A : 자신을 소개해 주실래요? B : 저는 영업부에서 일하고 있는 캐서린 우즈입니다. | A : 저는 지나 슐츠이고, 직원들의 건강을 책임지고 있습니다. B : 저녁에 와 주셔서 감사합니다. **143** A : 회계사로 일하고 있습니다. B : 저도요. | A : 소프트웨어 엔지니어로 일하고 있습니다. B : 자주 잔업하신다고 들었어요. **144** A : 덴마크에서 영업을 담당하고 있어요. B : 저는 거기서 약 5년간 근무해 오고 있어요. | A : 특별 프로젝트 팀을 맡고 있습니다. B : 부담감 느끼시겠어요.

145

A : **The purpose of my presentation is to** *introduce our new product line.*

B : I'm listening.

......

A : **The purpose of my presentation is to** *give you information on how to write reports effectively.*

B : Please go ahead.

effectively 효과적으로

146

A : **It is broken down into** *three parts.*

B : Can we take a break after the second part?

......

A : How long will your presentation be?

B : **It is broken down into** *four categories.*

category 분야

147

A : Can I ask you a question?

B : **You can ask me questions** *between the two sections.*

......

A : **You can ask me questions** *via Facebook.*

B : What's your Facebook ID?

148

A : When do you think the meeting will end?

B : **The presentation will take** *about 20 minutes.*

......

A : I have another appointment.

B : **The presentation won't take** *long.*

appointment 약속

145 A : 제 프레젠테이션의 목적은 신제품 라인을 소개하는 것입니다. B : 그러시죠. | A : 제 프레젠테이션의 목적은 보고서를 효과적으로 쓰는 방법에 대해 정보를 드리는 것입니다. B : 시작하시죠. **146** A : 프레젠테이션은 세 부분으로 나뉩니다. B : 두 번째 부분 후에 잠깐 쉴 수 있을까요? | A : 발표는 얼마나 걸리죠? B : 네 카테고리로 나뉩니다. **147** A : 질문해도 돼요? B : 질문은 두 개의 섹션 사이에 해주시면 됩니다. | A : 페이스북을 통해 질문하시면 됩니다. B : 페이스북 주소가 어떻게 돼요? **148** A : 회의가 언제 끝날 것 같아요? B : 프레젠테이션은 20분 정도 걸립니다. | A : 다른 약속이 있어서요. B : 프레젠테이션은 얼마 안걸릴 거에요.

Chapter 18

프레젠테이션 전개하기

이번 Chapter에서는 본격적으로 프레젠테이션을 전개하며 쓸 수 있는 패턴을 모아놨습니다. 청중의 관심을 집중시키는 표현, 프레젠테이션의 흐름을 바꾸는 표현, 시각 자료를 활용하는 표현 등 유용한 패턴들을 익혀 보세요.

149 Let me start my presentation (with/by) ~.

150 Have you ever wondered ~?

151 Think for a moment about ~.

152 Let's turn to ~.

153 It's time to think about ~.

154 I'd like to emphasize ~.

155 I strongly recommend ~.

156 According to ~, ~.

157 Please take a look at ~.

158 ~ shows ~.

159 At any rate, ~.

160 In comparison with ~, ~.

Let me start my presentation (with/by) ~.

~(로/하며) 프레젠테이션을
시작하겠습니다.

Let me start my presentation with *these slides.*

이 슬라이드로 프레젠테이션을 시작하겠습니다.

Let me start my presentation with *an overview of the problem.*

그 문제에 대한 개요를 말씀드리면서 프레젠테이션을 시작하겠습니다.

Let me start my presentation with *our company's strong points.*

우리 회사의 강점을 말씀드리면서 프레젠테이션을 시작하겠습니다.

Let me start my presentation by *mentioning how proud I am of you.*

제가 여러분을 얼마나 자랑스러워하는지를 말씀드리면서 프레젠테이션을 시작하겠습니다.

Let me start my presentation by *giving you an overview of our business.*

우리 사업에 대한 개요를 말씀드리면서 프레젠테이션을 시작하겠습니다.

overview of ~에 대한 개요   strong point(= strength) 강점(cf. weak point, weakness 약점)
be proud of ~를 자랑스러워하다

이 패턴은 본격적으로 프레젠테이션을 시작하면서 사용할 수 있습니다. Let me ~.는 직역하면
'제게 ~를 하게 해 주십시오.'라는 뜻이지만 '~하겠습니다.' 정도로 이해하면 됩니다.

Have you ever wondered ~?

~가 궁금하셨던 적이 있습니까?

Have you ever wondered
who developed this model?

이 모델의 개발자가 궁금하셨던 적이 있습니까?

Have you ever wondered
why customer loyalty matters?

고객 충성도가 중요한 이유가 궁금하셨던 적이 있습니까?

Have you ever wondered
why we're losing market share?

우리가 시장 점유율을 잃고 있는 이유가 궁금하셨던 적이 있습니까?

Have you ever wondered
why we started using this technology?

우리가 이 기술을 사용하기 시작한 이유가 궁금하셨던 적이 있습니까?

Have you ever wondered
when this device became popular?

이 장치가 대중화된 시기가 궁금하셨던 적이 있습니까?

---

customer loyalty 고객 충성도   device 장치   become popular 대중화되다

프레젠테이션을 할 때는 시작과 함께 청중의 관심을 끄는 것이 중요한데요. 바로 그런 때에 이 패턴을 사용할 수 있습니다. Have you ever heard ~?(~를 들어 보신 적이 있습니까?)도 자주 사용되는 패턴입니다.

Think for a moment about ~.   ~에 대해 잠시 생각해 보십시오.

Think for a moment about *estate planning.*

부동산 계획에 대해 잠시 생각해 보십시오.

Think for a moment about *your colleagues.*

동료들에 대해 잠시 생각해 보십시오.

Think for a moment about *the Open AI case.*

오픈 인공지능 사례에 대해 잠시 생각해 보십시오.

Think for a moment about *our market share.*

우리의 시장 점유율에 대해 잠시 생각해 보십시오.

Think for a moment about *our best-selling products.*

가장 잘 팔리는 우리 제품에 대해 잠시 생각해 보십시오.

estate 부동산   colleague 동료   case 사례   best-selling 가장 잘 팔리는

상대방에게 생각할 거리를 주려고 할 때 이 표현을 쓸 수 있습니다. think about ~은 '~에 대해 생각하다'라는 뜻이며, for a moment는 '잠시, 잠깐 동안'이라는 의미예요.

Let's turn to ~.

~로 넘어갑시다.

Let's turn to
the second issue.

두 번째 사안으로 넘어갑시다.

Let's turn to
the last question.

마지막 질문으로 넘어갑시다.

Let's turn to
the next paragraph.

다음 단락으로 넘어갑시다.

Let's turn to
the next topic on the agenda.

안건에 있는 다음 주제로 넘어갑시다.

Let's turn to
the sales figures in North America.

북미에서의 매출액으로 넘어갑시다.

---

sales figures 매출액

 문서나 책의 페이지를 넘길 때, 안건이나 질문 등을 다음 것으로 넘어가자고 제안할 때 사용하는 패턴입니다. 이때의 turn to는 '~로 넘어가다'라는 뜻이에요.

It's time to think about ~.

~에 대해 생각해 볼 때입니다.

It's time to think about *what we want.*

우리가 원하는 바에 대해 생각해 볼 때입니다.

It's time to think about *our working process.*

우리 업무 절차에 대해 생각해 볼 때입니다.

It's time to think about *our position in this market.*

이 시장에서의 우리의 위치에 대해 생각해 볼 때입니다.

It's time to think about *the health of our workers.*

우리 직원들의 건강에 대해 생각해 볼 때입니다.

It's time to think about *what we'll get and what we'll lose.*

우리의 이해득실에 대해 생각해 볼 때입니다.

position 위치   what we get and what we lose(= gains and losses) 이해득실

회의나 프레젠테이션 중에 핵심 사항으로 들어가면서 분위기를 환기시키거나 반전시키고자 할 때
사용 가능한 패턴입니다. It's time to ~.는 '~할 때이다.'라는 뜻인데, It's time to go.(갈 시간
이다.)와 같이 to 뒤에 다른 동사를 넣어 다양하게 사용할 수 있습니다.

I'd like to emphasize ~.

~를 강조하고 싶습니다.

I'd like to emphasize
that Korea is the gateway to Asia.

한국은 아시아로의 관문이라는 것을 강조하고 싶습니다.

I'd like to emphasize
the importance of planning ahead.

사전 계획의 중요성을 강조하고 싶습니다.

I'd like to emphasize
that our products are second to none.

우리 제품이 최고라는 것을 강조하고 싶습니다.

I'd like to emphasize
that our service is the cheapest in the nation.

우리 서비스가 국내에서 가장 저렴하다는 것을 강조하고 싶습니다.

I'd like to emphasize *how excited I am to envision our bright future.*

밝은 미래를 그릴 수 있게 되어 제가 얼마나 흥분되는지를 강조하고 싶습니다.

---

gateway to ~로의 관문   ahead 미리, 사전에   second to none 최고의   envision 그리다

 프레젠테이션 내용 중에는 말하고자 하는 강조점이 분명히 있어야 하는데, 이럴 때 이 패턴을 기억해 뒀다가 사용해 보세요. I'd like to put an emphasis on ~.이라고 말해도 같은 의미입니다.

I strongly recommend ~.

~를 강력히 권합니다.

I strongly recommend *this as a solution.*

해결책으로 이것을 강력히 권합니다.

I strongly recommend *analyzing the data.*

데이터를 분석해 볼 것을 강력히 권합니다.

I strongly recommend *accepting his request.*

그의 요청을 받아 주실 것을 강력히 권합니다.

I strongly recommend *supporting her proposal.*

그녀의 제안을 지지해 주기를 강력히 권합니다.

I strongly recommend *expanding your business.*

당신의 사업을 확장시킬 것을 강력히 권합니다.

---

solution 해결책 **analyze** 분석하다

이 패턴은 상대방에게 무언가를 권고할 때 사용합니다. I recommend ~.라고 해도 되지만, I strongly recommend ~.라고 하면 상대방에게 내 주장을 좀 더 강력하게 전달할 수 있습니다. recommend 대신 '제안하다'라는 뜻의 동사 suggest를 사용해도 괜찮습니다.

According to ~, ~.

~에 따르면, ~.

According to *his paper,*
the Korean economy will get better.

그의 논문에 따르면, 한국 경제는 나아질 겁니다.

According to *the article,*
an economic recession is approaching.

그 기사에 따르면, 불경기가 다가오고 있습니다.

According to *the journal,*
an economic boom is around the corner.

그 학회지에 따르면, 경기 붐이 목전에 와 있습니다.

According to *him, it's not enough time to*
restructure the company.

그에 따르면, 회사를 구조 조정하기에는 충분한 시간이 아닙니다.

According to *a survey, Japanese people like*
staying at home on weekends.

한 설문 조사에 따르면, 일본인들은 주말에 집에 있는 것을 좋아합니다.

---

economic recession 불경기 approach 다가오다 restructure 구조 조정하다

according to는 '~에 따르면, ~에 의하면'이라는 뜻으로 다른 사람의 말이나 신문기사, 보고서, 논문 등의 내용을 인용할 때 사용합니다. 구체적인 출처를 인용할 때는 according to ~를 사용해 보세요.

Please take a look at ~.

~를 봐 주십시오.

Please take a look at *this picture.*

이 사진을 봐 주십시오.

Please take a look at *this slide show.*

이 슬라이드 쇼를 봐 주십시오.

Please take a look at *the dotted line.*

이 점선을 봐 주십시오.

Please take a look at *the chart on the screen.*

스크린의 도표를 봐 주십시오.

Please take a look at *the numbers on the screen.*

스크린의 숫자를 봐 주십시오.

dotted line 점선

이 패턴은 회의나 프레젠테이션 중에 시각 자료를 이용하게 될 때 사용할 수 있습니다. take a look at 대신 look at이나 have a look at이라고 해도 됩니다.

~ shows ~.   ~는 ~를 보여 줍니다.

It shows
Chinese industrial growth.

그것은 중국의 산업 성장률을 보여 줍니다.

The curved line shows
our total sales.

곡선은 전체 매출을 보여 줍니다.

This chart shows
today's labor market.

이 도표는 오늘날의 노동 시장을 보여 줍니다.

It shows
the average age of our customers.

그것은 우리 고객들의 평균 연령을 보여 줍니다.

This table shows
our turnover rate last quarter.

이 표는 지난 분기 우리의 이직률을 보여 줍니다.

---

industrial growth 산업 성장   labor market 노동 시장   turnover rate 이직률

도표나 그래프에 대한 설명을 할 때는 '보여 주다'라는 뜻의 show 동사를 이용할 수 있습니다.
show와 비슷한 의미의 동사로 represent도 있으니까 이 동사도 활용해 보세요.

At any rate, ~.

어쨌든, ~.

At any rate,
I still do not agree with you.

어쨌든, 저는 당신에게 동의할 수가 없습니다.

At any rate,
this plan should be canceled.

어쨌든, 이 계획은 취소되어야 합니다.

At any rate,
this meeting should be held next week.

어쨌든, 이 회의는 다음 주에 열려야 합니다.

At any rate,
the average age of our workers is high.

어쨌든, 직원들의 평균 연령이 높습니다.

At any rate,
I still wonder why we should do that.

어쨌든, 저는 우리가 왜 그렇게 해야 하는지 여전히 궁금합니다.

대화가 결론 없이 지루하게 이어질 때는 대화의 흐름을 바꾸는 수밖에 없는데요. 이럴 때 사용하는
패턴이 바로 At any rate, ~.입니다. at any rate와 비슷한 의미로 anyway(s)도 사용할 수 있
습니다.

In comparison with ~, ~.   ~와 비교할 때, ~.

Look at this one in comparison with
the LG monitor.

LG 모니터와 비교하면서 이것을 보십시오.

In comparison with *this product,*
that one is not good.

이 제품과 비교할 때, 저것은 좋지 않습니다.

In comparison with *last week,*
there has been a decline in sales.

지난주와 비교할 때, 그간 매출이 감소되었습니다.

The Korean won depreciated last month
in comparison with *the U.S. dollar.*

미국 달러와 비교할 때, 원화는 절하되었습니다.

In comparison with *the previous year,*
there has been a decline in stock ownership.

전년도와 비교할 때, 그간 주식 소유 지분이 감소했습니다.

---

decline in sales 매출 감소   **depreciate** (통화가) 절하되다, 가치가 떨어지다   **stock ownership** 주식 소유 지분

 비교 수치나 품질을 언급해야 할 때 사용하는 패턴입니다. in 대신 by를 써서 by comparison with라고 하거나 comparing with ~라고 해도 같은 의미입니다.

149

A : **Let me start my presentation with** *the philosophy of our company*.

B : You're committed to serving our customers.

......

A : **Let me start my presentation with** *recitation of some verses that I was very moved by*.

B : That sounds interesting.

recitation 낭독

150

A : **Have you ever wondered** *why people watch YouTube*?

B : Beats me.

......

A : **Have you ever wondered** *how much it costs to build a car*?

B : I have.

151

A : We should broaden our product lineup.

B : **Think for a moment about** *our market situation*.

......

A : We should lay off some engineers.

B : **Think for a moment about** *how we got where we are today*.

152

A : I believe that's the most important factor.

B : *Now* **let's turn to** *the second issue*.

......

A : **Let's turn to** *the technical features of our music download service*.

B : By the way, when will your presentation finish?

technical 기술적인

---

149 A : 우리 회사의 철학을 말씀드리는 것으로 프레젠테이션을 시작하겠습니다. B : 고객 봉사에 전념하시는군요. | A : 제가 아주 감명을 받았던 시구를 낭독하는 것으로 프레젠테이션을 시작하겠습니다. B : 흥미롭네요. **150** A : 사람들이 유튜브를 보는 이유가 궁금하셨던 적이 있습니까? B : 모르겠는데요. | A : 자동차 제작 비용이 궁금하셨던 적이 있습니까? B : 그럼요. **151** A : 우리는 제품 라인업을 넓혀야 해요. B : 시장 상황에 대해 잠시 생각해 보세요. | A : 엔지니어 몇 명 해고해야 해요. B : 우리가 현재 위치에 있게 된 경위를 잠시 생각해 보십시오. **152** A : 그것이 가장 중요한 요소라고 생각합니다. B : 이제 두 번째 사안으로 넘어갑시다. | A : 우리의 음악 다운로드 서비스의 기술적인 특징들로 넘어갑시다. B : 그런데 발표가 언제 끝나죠?

A : That is the continuous transfer of innovative technology.
B : **It's time to think about** *what we're doing to do that.*
......
A : **It's time to think about** *the efficiency of our ordering process.*
B : In order to do that, one important factor must be remembered.

A : What kind of car is this?
B : **I'd like to emphasize** *that this car is the most convenient vehicle in history.*
......
A : **I'd like to emphasize** *how important it is to learn from our competitors.*
B : That's why we should collect data on them.

A : They think about its design, not the technology.
B : **I strongly recommend** *thinking outside the box.*
......
A : **I strongly recommend** *diversifying our business.*
B : That's way too risky at the moment.

diversify 다각화하다

A : **According to** *one study, the decline in TV news viewing might be related to the increasing use of YouTube.*
B : That's absolutely right.
......
A : **According to** *the report, we have enough time to reconsider the contract.*
B : That's good news.

reconsider 재고하다

153 A : 그것은 혁신적인 기술의 지속적인 이전입니다. B : 그렇게 하기 위해 우리가 무엇을 하고 있는지에 대해 생각해 볼 때입니다. | A : 우리의 주문 과정의 효율성에 대해 생각해 볼 때입니다. B : 그렇게 하기 위해서는 한 가지 중요한 요소를 명심해야 합니다. **154** A : 어떤 종류의 자동차를 원하십니까? B : 저는 이 자동차가 역사상 가장 편리한 자동차라는 점을 강조하고 싶습니다. | A : 우리의 경쟁업체들로부터 배우는 것이 얼마나 중요한지를 강조하고 싶습니다. B : 그게 우리가 그들의 정보를 모으는 이유죠. **155** A : 그들은 기술이 아니라 디자인을 생각합니다. B : 저는 독창적으로 생각할 것을 강력히 권합니다. | A : 우리 사업을 다각화할 것을 강력히 권합니다. B : 당장은 아주 위험해요. **156** A : 한 연구에 따르면, TV 뉴스 시청의 감소가 유튜브 사용의 증가와 관련 있을 수 있습니다. B : 확실히 그래요. | A : 보고서에 따르면, 우리에게는 그 계약을 재고해 볼 시간이 충분합니다. B : 좋은 소식이네요.

157

A : **Please take a look at** *this line graph first.*

B : You've spent a lot of money on R&D.

......

A : **Please take a look at** *the display model of our new car.*

B : It looks amazing!

display model 전시품

158

A : *It* **shows** *the amount of money we spent on marketing.*

B : You advertised your SUVs effectively in every region.

......

A : *This pie chart* **shows** *our market share last year.*

B : It's going up.

159

A : Naver is followed by Google, Microsoft, MSN, and AOL.

B : **At any rate,** *Naver still ranks first.*

......

A : **At any rate,** *the overall employee satisfaction level is low.*

B : That's a serious problem.

satisfaction level 만족도

160

A : **In comparison with** *last year, the average number of passengers per flight increased 10 percent.*

B : How about our competitors?

......

A : How about the net assets?

B : **In comparison with** *the previous fiscal year, they are approximately $70 million.*

fiscal year 회계 연도   net asset 순자산

157 A : 우선 이 선 그래프를 봐 주십시오. B : 연구 개발에 많은 돈을 썼네요. | A : 우리의 신차 전시품을 봐 주십시오. B : 멋진데요! **158** A : 우리가 마케팅에 지출한 금액을 보여 주는데요. B : 전 지역에서 SUV를 효과적으로 광고했네요. | A : 이 원그래프는 작년 우리의 시장 점유율을 보여 줍니다. B : 올라가네요. **159** A : 구글, 마이크로소프트, MSN, AOL이 네이버의 뒤를 따르고 있습니다. B : 어쨌든, 네이버가 여전히 1위입니다. | A : 어쨌든, 전반적인 직원 만족도가 낮습니다. B : 심각한 문제네요. **160** A : 작년과 비교할 때, 항공편 하나 당 평균 승객 수가 10퍼센트 증가했습니다. B : 경쟁사들은 어때요? | A : 순자산은 어때요? B : 이전 회계 연도와 비교할 때, 약 7천만 달러입니다.

Chapter 19

요약 및 마무리하기

이번에는 프레젠테이션을 마무리하며 쓸 수 있는 패턴들을 익혀 봅니다. 프레젠테이션 내용을 간단하게 요약하고 질의응답 시간을 가진 다음, 감사 인사로 맺음말까지 하면 완벽하게 프레젠테이션을 마무리할 수 있습니다.

161 Let me sum up ~.

162 In conclusion, ~.

163 Does anybody have any questions on ~?

164 I really appreciate ~.

Let me sum up ~.

~를 요약해 드리겠습니다.

Let me sum up *what they said.*

그들이 말했던 것을 요약해 드리겠습니다.

Let me sum up *the main arguments.*

주요 논의 사항을 요약해 드리겠습니다.

Let me sum up *what we've agreed to.*

우리가 동의한 내용을 요약해 드리겠습니다.

Let me sum up *the results of the poll.*

여론 조사의 결과를 요약해 드리겠습니다.

Let me sum up *what happened at our company last year.*

작년에 우리 회사에 일어났던 일을 요약해 드리겠습니다.

---

argument 논의 사항, 주장 (public opinion) poll 여론 조사

회의나 프레젠테이션의 내용을 요약해서 정리할 때 사용할 수 있는 패턴입니다. 간혹 sum이라고
만 쓰는 경우가 있는데 반드시 up과 함께 써야 한다는 것에 유의하세요. 그러나 summarize(요
약하다)는 up 없이 사용합니다.

In conclusion, ~.   결론적으로, ~.

In conclusion, *you should do that by yourself.*

결론적으로, 당신은 혼자 그 일을 해야 합니다.

In conclusion, *we should purchase them right now.*

결론적으로, 우리는 지금 당장 그것들을 구매해야 합니다.

In conclusion, *we should remove the harmful ingredients.*

결론적으로, 우리는 해로운 성분들을 없애야 합니다.

In conclusion, *we need to open more convenience stores.*

결론적으로, 우리는 더 많은 편의점을 개점할 필요가 있습니다.

In conclusion, *we should buy all the parts from this company.*

결론적으로, 우리는 이 회사에서 모든 부품을 구입해야 합니다.

---

by oneself(= alone. at one's own) 혼자   purchase 구매하다   remove(= get rid of) 없애다
convenience store 편의점

대화나 회의, 프레젠테이션 막바지에 그때까지 자신이 말했던 것이나 주장하고자 했던 바를 다시
한 번 각인시킬 때 사용하는 패턴입니다. In conclusion을 사용하여 주장을 말할 때는 need
to, must, should와 같이 필요나 의무를 나타내는 조동사와 사용하는 경우가 많습니다.

Does anybody have any questions on ~?

Does anybody have any questions on *this chart*?

이 도표에 대해 질문 있는 분 있습니까?

Does anybody have any questions on *our products*?

저희 제품에 대해 질문 있는 분 있습니까?

Does anybody have any questions on *my presentation*?

제 프레젠테이션에 대해 질문 있는 분 있습니까?

Does anybody have any questions on *our product lineup*?

저희 제품군에 대해 질문 있는 분 있습니까?

Does anybody have any questions on *these sales figures*?

이 매출액에 대해 질문 있는 분 있습니까?

---

product lineup 제품군   sales figures 매출액

질문이 있는지 물을 때 쓰는 패턴입니다. Do you have a question about ~?으로 대체 가능
합니다.

I really appreciate ~.

~에 대해 정말 감사드립니다.

I really appreciate *your support*.

여러분의 지지에 정말 감사드립니다.

I really appreciate *your kindness*.

당신의 친절에 정말 감사드립니다.

I really appreciate *your precious time*.

귀중한 시간 내 주셔서 정말 감사드립니다.

I really appreciate *your presence today*.

오늘 참석해 주셔서 정말 감사드립니다.

I really appreciate *being with you tonight*.

오늘 밤 당신과 함께하게 되어 정말 감사드립니다.

---

support 후원, 지지 precious 귀중한 presence 참석

감사 인사를 할 때 사용하는 패턴으로 Thank you for ~.보다 훨씬 정중한 표현입니다. 감사하는
내용을 말할 때 appreciate 뒤에는 전치사가 없지만, thank는 꼭 for와 함께 써야 한다는 점도
비교하여 알아 두세요.

161

A : **Let me sum up** *their responses to our new service.*

B : I'm all ears.

......

A : Shall we start?

B : **Let me sum up** *the issues we're supposed to discuss today.*

be supposed to ~하기로 되어 있다

162

A : **In conclusion**, *we should take advantage of the opportunities in the youth market.*

B : We're too late to enter that market.

......

A : **In conclusion**, *please keep in mind that we are here to support you.*

B : I know, but things are getting worse.

support 지지하다

163

A : **Does anybody have any questions** *or comments*?

B : So what you're saying is we should make our products lighter?

......

A : **Does anybody have any questions on** *what we've discussed*?

B : Not me.

164

A : **I really appreciate** *your interest in our company.*

B : I'm respectful of your company.

......

A : **I really appreciate** *your willingness to take some time out of your busy schedule.*

B : It was my pleasure.

willingness 기꺼이 하기, 기꺼운 마음

---

161 A : 우리의 새로운 서비스에 대한 그들의 반응을 요약해 드리겠습니다. B : 그러세요. | A : 시작할까요? B : 오늘 논의 하기로 되어 있는 사안들을 요약해 드리겠습니다. **162** A : 결론적으로 우리는 유스 마켓에서의 기회를 활용해야 합니다. B : 그 시장에 들어가기에는 너무 늦었어요. | A : 결론적으로 우리가 당신을 지지하기 위해서 이 자리에 있다는 것을 알아 주세요. B : 알지만, 상황이 나빠지고 있어요. **163** A : 질문이나 하실 말씀이 있는 분 계십니까? B : 그러니까 우리가 제품 을 더 가볍게 만들어야 한다는 말씀이시죠? | A : 우리가 논의한 것에 대해 질문 있는 분 있습니까? B : 저는 없어요. **164** A : 저희 회사에 보여 주신 관심에 정말 감사드립니다. B : 당신의 회사를 존경합니다. | A : 바쁘신 가운데에도 기꺼이 시간 을 내 주셔서 정말 감사드립니다. B : 즐거웠습니다.

Part

6

비대면 업무의 핵심
비즈니스 이메일 패턴

Part 7에서는 이메일에 자주 쓰이는 유용한 패턴을 알아봅니다. 외국계 기업에 다니지 않더라도 요즘에는 영어로 이메일을 써야 할 일이 있을 텐데요. 이메일은 말이 아니라 글로 의견을 주고받는 것이고 삭제하지 않는 한 계속 남아 있는 기록이기 때문에, 문법과 표현에 더욱 주의를 기울여야 합니다. 이번 Part에서 이메일을 쓰는 요령을 상세하게 정리해 봅시다.

Chapter 20

이메일 시작하기

막상 비즈니스 이메일을 쓰려고 하면 서두를 어떻게 시작해야 할지 종종 고민하게 되는데요. 특별한 말이 필요한 것은 아닙니다. 간단한 인사로 시작해서 회사를 소개하고 용건을 밝히는 형식으로 나아가면 되지요. 이번 Chapter에서는 비즈니스 이메일을 시작하며 쓸 수 있는 표현들을 패턴으로 익혀 봅니다.

165 It's been a long time since ~.

166 I'm emailing you to ~.

167 I'd like to confirm ~.

168 We are a ~ company.

169 I am contacting you on behalf of ~.

170 I can't thank you enough for ~.

171 I'd like to inquire about ~.

172 ~ regarding ~.

173 In response to ~, ~.

174 We have received no reply ~.

It's been a long time since ~.

~한 이후로 시간이 꽤 흘렀네요.

It's been a long time since *I saw you last.*

마지막으로 뵌 이후로 시간이 꽤 흘렀네요.

It's been a long time since *I stopped working.*

제가 일을 그만둔 이후로 시간이 꽤 흘렀네요.

It's been a long time since *we had a meeting.*

회의를 가진 이후로 시간이 꽤 흘렀네요.

It's been a long time since *our last phone call.*

지난번 전화 통화 이후로 시간이 꽤 흘렀네요.

It's been a long time since *I visited your office.*

당신의 사무실을 방문한 이후로 시간이 꽤 흘렀네요.

---

last 마지막으로; 마지막의

오랜만에 연락하는 사람에게 안부를 묻는 인사와 함께 사용하는 패턴 표현입니다. 오랜만에 누군가를 직접 만났을 때는 Long time, no see.(오랜만에 뵙네요.)라고 해도 됩니다.

I'm emailing you to ~.

~하려고 이메일을 보냅니다.

I'm emailing you to
ask about your services.

귀사의 서비스에 대해서 문의하려고 이메일을 보냅니다.

I'm emailing you to
confirm your receipt of our invoice.

대금 청구서 수령을 확인하려고 이메일을 보냅니다.

I'm emailing you to
express my interest in your proposal.

당신의 제안서에 대한 저의 관심을 표명하려고 이메일을 보냅니다.

I'm emailing you to
let you know that your visa has expired.

비자가 만료되었음을 알려드리려고 이메일을 보냅니다.

I'm emailing you to
remind you of the meeting next Monday.

다음 주 월요일 회의를 기억하고 있는지 확인 차 이메일을 보냅니다.

confirm 확인하다, 확정하다 receipt 수령 invoice 대금 청구서, 송장 expire 만료되다

이메일을 쓰는 목적을 밝힐 때 사용하는 패턴으로 I'm writing to ~.라고 해도 됩니다. 참고로 전
화를 건 목적을 밝힐 때는 I'm calling to ~.라고 하면 돼요.

I'd like to confirm ~.

~를 확정하고 싶습니다.

I'd like to confirm
the departure time.

출발 시간을 확정하고 싶습니다.

I'd like to confirm
the options I selected.

제가 선택한 옵션을 확정하고 싶습니다.

I'd like to confirm
our travel plans with you.

당신과 우리 여행 계획을 확정하고 싶습니다.

I'd like to confirm
my reservation on Flight 457.

457편 비행기 예약을 확정하고 싶습니다.

I'd like to confirm
your order of 2,000 digital cameras.

디지털 카메라 2,000개에 대한 주문을 확정하고 싶습니다.

---

departure time 출발 시간(cf. arrival time 도착 시간)

confirm은 '확정하다'라는 뜻을 가집니다. 따라서 이 패턴은 주문이나 일정 등을 확정 짓고 싶을 때 사용할 수 있어요. 예약, 약속 시간, 계획, 계약 조건 등을 확정 지을 때 이 패턴을 사용해 보세요.

We are a ~ company.

저희는 ~하는 회사입니다.

We are a *trucking* company *operating in Japan.*

저희는 일본에서 운영되고 있는 트럭 운송 회사입니다.

We are one *of the leading* companies *in Mexico.*

저희 회사는 멕시코의 선두 기업 중 하나입니다.

We are a *cosmetics* company *in Washington, D.C.*

저희는 워싱턴 D.C.에 있는 화장품 회사입니다.

We are a *mid-sized* company *based in Houston, Texas.*

저희는 텍사스 주 휴스턴에 기반을 둔 중간 규모의 회사입니다.

We are a *small* company *headquartered in Seoul, Korea.*

저희는 한국, 서울에 본사를 둔 작은 회사입니다.

---

trucking company 트럭 운송 회사   headquarter 본사를 두다

이 패턴은 회사 소개를 할 때 사용합니다. 이 표현을 사용하여 주력 상품이 무엇인지, 소재지가 어디인지, 규모가 어느 정도인지, 현재 회사의 상황이 어떤지 등을 밝힐 수 있습니다.

I am contacting you on behalf of ~.   ~를 대표하여 연락드립니다.

I am contacting you on behalf of *Theme Software*.

씸 소프트웨어를 대표하여 연락드립니다.

On behalf of *Ace Hardware*, I am contacting you *about your renovations*.

에이스 하드웨어를 대표하여, 수리 건으로 연락드립니다.

On behalf of *the Stanley Department Store*, I am contacting you *to thank you*.

스탠리 백화점을 대표하여, 감사 인사를 하려고 연락드립니다.

On behalf of *Korean Airlines*, I am contacting you *to express our gratitude*.

대한 항공을 대표하여, 감사를 표하고자 연락드립니다.

On behalf of *the Parky Hardware Store*, I am contacting you *to confirm your order*.

파키 하드웨어 스토어를 대표하여, 주문 확인차 연락드립니다.

---

renovation 수리, 개조, 보수(cf. '재건축'이라는 의미의 reconstruction이나 rebuilding과 구별해서 알아두세요.)
gratitude 감사

회사를 대표하여 연락할 때 사용하는 표현입니다. on behalf of는 '~를 대표하여, ~를 대신하여'
라는 뜻인데, 문장 뒷부분에 위치할 수도 있고 문장 맨 앞에 넣어 말할 수도 있어요.

I can't thank you enough for ~.

~에 대해 대단히 감사드립니다.

I can't thank you enough for
your timely assistance on the project.

프로젝트에 적시에 도움을 주셔서 감사합니다.

I can't thank you enough for
catching those errors.

이러한 오류를 잡아 주셔서 감사합니다.

I can't thank you enough for
the introduction to your network of contacts.

귀하의 연락처 네트워크를 소개해주셔서 감사합니다.

I can't thank you enough for
taking the time to share your expertise with me.

시간을 내어 귀하의 전문 지식을 저와 공유해 주셔서 감사합니다.

I can't thank you enough for *going above and beyond in resolving the customer's issue.*

고객의 문제를 해결하는 데 최선을 다해 주셔서 감사합니다.

---

assistance 도움   expertise 전문 지식

이 패턴은 누군가의 도움, 지원 또는 기여에 대해 깊은 감사와 감사를 표하고 싶을 때 사용합니다.
단순한 "Thank you"만으로는 감사를 충분히 전달할 수 없을 때 이 표현을 사용하면 좋습니다.

I'd like to inquire about ~.

~에 대해 문의하고 싶습니다.

I'd like to inquire about
the report you've just finished.

막 끝내신 보고서에 대해 문의하고 싶습니다.

I'd like to inquire about
the keyboards you've developed.

귀사가 개발하신 키보드들에 대해 문의하고 싶습니다.

I'd like to inquire about
the prices of your new products.

귀사의 신제품 가격에 대해 문의하고 싶습니다.

I'd like to inquire about
the types of contracts you usually make.

귀사가 일반적으로 체결하는 계약 유형에 대해 문의하고 싶습니다.

I'd like to inquire about
*the printers you mentioned at our last
meeting.*

지난번 회의 때 언급하신 프린터에 대해 문의하고 싶습니다.

문의 사항이 있을 때 사용하는 패턴입니다. inquire는 ask로 바꾸어 말해도 됩니다. 가격이나 디자인, 제품 사양, A/S를 문의할 때는 이 패턴을 활용해 보세요.

~ regarding ~.

~에 관한 ~.

Thank you for your email **regarding**
our folding bikes.

저희의 접이식 자전거에 관한 이메일에 감사드립니다.

Thank you for your email **regarding**
the next meeting.

다음 회의에 관한 이메일에 감사드립니다.

We received your email **regarding**
the ongoing project.

진행 중인 프로젝트에 관한 이메일을 받았습니다.

Thank you for your email **regarding**
the next workshop.

다음 워크숍에 관한 이메일에 감사드립니다.

Thank you for your email **regarding**
your order on July 5.

귀하의 주문 건에 관한 7월 5일자 이메일에 감사드립니다.

folding 접이식의 ongoing 진행 중인

격식을 차린 문서에서는 '~에 관한, ~에 관해'라는 뜻으로 about 대신 regarding이나 concerning을 쓰는 경우가 많습니다. 비슷한 표현으로 with regard to도 있습니다.

In response to ~, ~.

~에 답하자면, ~.

In response to *your inquiry,*
I'd like to recommend Dwight Howard.

문의하신 것에 답하자면, 저는 드와이트 하워드를 추천해 드리고 싶습니다.

In response to *your inquiry,*
it is premature to invest in the market.

문의하신 것에 답하자면, 그 시장에 투자하는 것은 시기상조입니다.

In response to *your request,*
we can offer a 20-percent special discount.

요청하신 것에 답하자면, 저희는 20퍼센트 특별 할인을 해 드릴 수 있습니다.

In response to *your request,*
we can offer a 10-percent volume discount.

요청하신 것에 답하자면, 대량 구매에 10퍼센트 할인을 해 드릴 수 있습니다.

In response to *your request,*
we regret to inform you that it's out of stock.

요청하신 것에 답하자면, 유감스럽게도 그것의 재고가 없음을 알려드리게 되었습니다.

---

offer a special discount 특별 할인을 제공하다 **regret** 유감스럽다, 후회하다 **out of stock** 재고가 없는

 in response to ~는 '~에 답하자면, ~에 응하여'라는 뜻으로 상대방의 문의나 요구 사항에 대해 답할 때 사용할 수 있습니다. response는 '대답, 응답'이라는 뜻이에요.

We have received no reply ~.

저희는 ~ 답장을 받지 못했습니다.

We have received no reply
so far.

저희는 지금까지 답장을 받지 못했습니다.

We have received no reply
to the email.

저희는 그 이메일에 대한 답장을 받지 못했습니다.

We have received no reply *explaining
the reason for the absence without notice.*

저희는 무단 결근 사유를 해명하는 이메일을 받지 못했습니다.

We have received no reply
yet.

저희는 아직 답장을 받지 못했습니다.

We have received no reply
from you.

저희는 당신으로부터 답장을 받지 못했습니다.

---

so far 지금까지   absence without notice(cf. absence without leave) 무단 결근

서신이나 이메일에 대한 회신을 받지 못했을 때 사용하는 패턴입니다. We haven't received
any reply ~.라고 해도 같은 뜻이에요. reply 는 '대답'이라는 뜻도 가지고 있지만, '답장, 답신'이
라는 뜻으로도 쓰입니다.

How are things with you? **It's been a long time since** *our last email*.
I hope everything's okay. I'm writing to remind you about the conference
in October. We need you to register the subject of your presentation by
September 25.

166

I am emailing you to *let you know we are developing an e-newsletter for our
company*. It has been hard for us to communicate efficiently because we are
working in different locations. So it will help us know what is happening at
our company.

167

I'd like to confirm *your order of 3,000 pencil cases*. Your order number is
D-70157. Please refer to this number in all future correspondence.

168

We are a *large engineering* **company** *that exports aircraft parts worldwide*.
We have a contract to supply a European customer for the next three years.
Thank you for your interest.

169

I am contacting you on behalf of *the ABC Company*. We'd like you to
handle several deliveries to Hong Kong. They are scheduled for the next six
months. The products will consist of ceramic glasses and cups.

---

165 어떻게 지내세요? 지난번 이메일 이후로 시간이 꽤 흘렀네요. 잘 지내고 계시기를 바랍니다. 10월에 있을 회의를 기억하고 계신가 하여 이메일을 씁니다. 9월 25일까지는 프레젠테이션 주제를 등록해 주셔야 합니다. **166** 전자 사보를 개발 중임을 알려 드리려고 이메일을 드립니다. 우리는 여러 곳에서 근무하기 때문에 의사소통을 효율적으로 하기가 힘듭니다. 그래서 전자 사보는 회사에서 무슨 일이 일어나고 있는지를 파악하는 데 도움이 될 것입니다. **167** 필통 3,000개에 대한 귀하의 주문을 확정하고 싶습니다. 귀하의 주문 번호는 D-70157입니다. 추후 모든 연락에는 이 번호를 말씀해 주십시오. **168** 저희는 세계적으로 항공기 부품을 수출하는 큰 규모의 엔지니어링 회사입니다. 향후 3년간 유럽의 거래처와 공급 계약을 맺고 있습니다. 관심 가져 주셔서 감사합니다. **169** ABC사를 대표하여 연락드립니다. 홍콩으로 가는 몇 건의 배송을 처리해 주셨으면 하는데요. 향후 6개월간 일정이 잡혀 있습니다. 제품은 세라믹 잔과 컵으로 구성될 겁니다.

I hope this email finds you well. **I can't thank you enough for** *going above and beyond to ensure that our team met the deadline while maintaining the highest quality of work*. Your attention to detail and ability to anticipate potential issues have undoubtedly contributed to the success of the project.

maintain 유지하다   attention 관심   anticipate 예상하다   contribute 기여하다

171

I'd like to inquire about *the types of products you deal in*. Our company has diversified recently. Now we sell not only high-end equipment for serious golfer but also reasonably priced equipment for recreational golfers.

172

Thank you for your email **regarding** *the damaged products you received on October 15*. I can confirm that the products were checked before they left our warehouse. So it seems that the damage occurred during delivery.

173

In response to *your request for a 20-percent volume discount, we regret to inform you that we cannot offer more than 15 percent*. We give a 20-percent volume discount only on orders over $50,000. As you know, these terms are highly competitive.

174

We are still waiting for the shipment. *Furthermore*, **we have received no reply** *to our earlier email requesting an explanation for the delay*. This is particularly inconvenient for us as our clients need what we ordered for them as soon as possible. We look forward to hearing from you soon.

---

170 이 이메일이 당신에게 잘 전달되길 바랍니다. 최고 품질의 작업을 유지하면서 우리 팀이 기한을 맞출 수 있도록 최선을 다해 주셔서 감사합니다. 세부 사항에 대한 귀하의 관심과 잠재적인 문제를 예측하는 능력은 의심할 여지 없이 프로젝트의 성공에 기여했습니다. **171** 귀사가 취급하는 제품 종류에 대해 문의하고 싶습니다. 저희 회사는 최근에 분야를 다각화했습니다. 이제 프로 골퍼용 고급 장비뿐만 아니라 오락으로 골프를 즐기는 골퍼용으로 나온 적정한 가격의 장비도 판매합니다. **172** 손상된 제품을 수령하신 것에 관한 10월 15일자 이메일에 감사드립니다. 그 제품들은 저희 창고에서 출고되기 전에 검수를 거쳤음을 확인 드립니다. 따라서 손상은 배송 중에 일어난 것 같습니다. **173** 대량 구매에 20퍼센트 할인을 요청하신 일에 답하자면, 유감스럽게도 저희는 15퍼센트가 넘는 할인은 제공할 수 없다는 것을 알려드립니다. 대량 구매에 대한 20퍼센트 할인은 5만 달러가 넘는 주문에만 제공합니다. 아시다시피 이러한 조건은 정말 다른 데에 뒤지지 않습니다. **174** 우리는 아직도 배송을 기다리고 있습니다. 더욱이 지연 사유에 대한 해명을 요구하는 먼젓번 이메일에 대한 답장을 받지 못했습니다. 우리 고객들은 우리가 그들 대신 주문한 제품을 가능한 한 빨리 필요로 하기 때문에 우리는 이런 상황이 특히 저희에게 불편합니다. 곧 연락 주시기를 기다리겠습니다.

Chapter 21

본론 말하기 1
희망 사항과 입장 밝히기

비즈니스 이메일을 쓰는 목적은 보통 상대에게 무언가를 요구하기 위해서입니다.
이번 Chapter에서는 상대에게 원하는 것을 말하는 표현과 상대의 희망 사항에 대
해 자신의 입장을 밝히는 패턴을 익혀 봅시다.

175 We're aiming to ~.

176 I'd like to take part in ~.

177 I'd like to see you in person to ~.

178 I'm keen on ~.

179 We'd be pleased to ~.

180 I agree with you in that ~.

181 We've discussed ~.

182 We'll make sure ~.

183 We can accept ~.

184 I understand that ~.

185 I was informed that ~.

186 We'll consider ~.

187 We have a problem with ~.

188 In my view, ~.

189 By the way, ~.

190 As requested, ~.

191 First of all, ~.

We're aiming to ~.

저희는 ~를 목표로 하고 있습니다.

We're aiming to
increase our brand awareness.

저희는 브랜드 인지도를 높이는 것을 목표로 하고 있습니다.

We're aiming to
release a new movie next year.

저희는 내년에 새로운 영화를 개봉하는 것을 목표로 하고 있습니다.

We're aiming to
develop a new model this year.

저희는 금년에 새로운 모델을 개발하는 것을 목표로 하고 있습니다.

We're aiming to
train new workers with this program.

저희는 이 프로그램으로 신입 사원을 교육하는 것을 목표로 하고 있습니다.

We're aiming to
teach young children with these products.

저희는 이 제품으로 어린아이들을 가르치는 것을 목표로 하고 있습니다.

train 교육하다

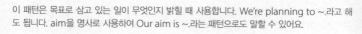 이 패턴은 목표로 삼고 있는 일이 무엇인지 밝힐 때 사용합니다. We're planning to ~.라고 해도 됩니다. aim을 명사로 사용하여 Our aim is ~.라는 패턴으로도 말할 수 있어요.

I'd like to take part in ~.

~에 참여하고 싶습니다.

I'd like to take part in
the festival.

축제에 참여하고 싶습니다.

I'd like to take part in
the gathering.

모임에 참여하고 싶습니다.

I'd like to take part in
the ceremony.

식에 참여하고 싶습니다.

I'd like to take part in
the weekend workshop.

주말 워크숍에 참석하고 싶습니다.

I'd like to take part in
the monthly conference.

월례 회의에 참석하고 싶습니다.

---

festival 축제   gathering 모임

각종 행사나 회의에 대한 참여 의사를 밝히고자 할 때 사용하는 패턴입니다. take part in은 '~에
참여하다/참석하다'라는 뜻인데, 똑같은 표현으로 participate in도 있습니다.

I'd like to see you in person to ~.

직접 뵙고 ~하고 싶습니다.

I'd like to see you in person to *discuss your responsibilities.*

직접 뵙고 귀사의 책임을 논의하고 싶습니다.

I'd like to see you in person to *show you our new dictionary.*

직접 뵙고 저희의 새로운 사전을 보여 드리고 싶습니다.

I'd like to see you in person to *discuss the problem in detail.*

직접 뵙고 그 문제를 자세히 논의하고 싶습니다.

I'd like to see you in person to *discuss the disciplinary issues regarding them.*

직접 뵙고 그들의 징계 문제를 논의하고 싶습니다.

I'd like to see you in person to *talk about how to prevent this kind of problem.*

직접 뵙고 이러한 종류의 문제를 어떻게 예방할지에 대해 얘기하고 싶습니다.

---

responsibility 책임 dictionary 사전 disciplinary 징계의

이 패턴은 직접 만나서 이야기하자고 할 때 사용합니다. to 뒤에는 만나고자 하는 이유가 나옵니다. in person은 '직접, 몸소'라는 뜻이므로 see you in person은 '직접 보다' 즉 '만나다'라는 뜻이 되는 겁니다.

I'm keen on ~.

~하고 싶습니다.

I'm keen on
doing business with you.

귀사와 거래하고 싶습니다.

I'm keen on
listening to your lecture.

당신의 강의를 듣고 싶습니다.

I'm keen on
supplying you with the parts.

귀사에 부품을 납품하고 싶습니다.

I'm keen on
having a face-to-face meeting.

직접 만나서 회의하고 싶습니다.

I'm keen on
pursuing a career in the marketing field.

마케팅 분야에서 경력을 쌓고 싶습니다.

---

do business with ~와 거래하다   supply A with B A에 B를 납품하다
have a face-to-face meeting 직접 만나서 회의하다

 이 패턴은 원하는 것을 말할 때 사용합니다. keen은 '~를 몹시 원하는, ~를 갈망하는'의 의미인데요. I'm keen ~.은 I want ~. 정도의 의미라고 이해하면 됩니다. keen 뒤에는 「on+ -ing」나 「to+ 동사원형」을 쓰면 됩니다.

We'd be pleased to ~.

기꺼이 ~하겠습니다.

We'd be pleased to *take safety precautions.*

기꺼이 안전책을 강구하겠습니다.

We'd be pleased to *introduce our new cars.*

저희 신차를 기꺼이 소개해 드리겠습니다.

We'd be pleased to *recommend you to him.*

기꺼이 그에게 당신을 추천하겠습니다.

We'd be pleased to *welcome you to our company.*

우리 회사로 오시는 걸 기꺼이 환영하겠습니다.

We'd be pleased to *take appropriate action to fix the problem.*

그 문제를 해결하기 위해 기꺼이 적절한 조치를 취하겠습니다.

take safety precautions 안전책을 강구하다   recommend A to B B에게 A를 추천하다
take appropriate action 적절한 조치를 취하다   fix a problem(cf. solve a problem) 문제를 해결하다

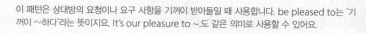

이 패턴은 상대방의 요청이나 요구 사항을 기꺼이 받아들일 때 사용합니다. be pleased to는 '기꺼이 ~하다'라는 뜻이지요. It's our pleasure to ~.도 같은 의미로 사용할 수 있어요.

I agree with you in that ~.

~라는 점에 있어서는 당신의 의견에 동의합니다.

I agree with you in that this product has some glitches.

이 제품에 결함이 있다는 점에 있어서는 당신의 의견에 동의합니다.

I agree with you in that they have bad customer service.

그들의 고객 서비스가 엉망이라는 점에 있어서는 당신의 의견에 동의합니다.

I agree with you in that we need to have a meeting with them.

그들과 회의를 할 필요가 있다는 점에 있어서는 당신의 의견에 동의합니다.

I agree with you in that this situation is not going to last forever.

이 상황이 영원히 계속되지 않을 것이라는 점에 있어서는 당신의 의견에 동의합니다.

I agree with you in that we're pessimistic about our business opportunities.

우리의 사업 기회에 대해서 우리가 회의적이라는 점에 있어서는 당신의 의견에 동의합니다.

---

forever 영원히　**pessimistic** 회의적인

 이 패턴은 상대방의 의견 전부가 아니라 그중 일부에 동의한다고 할 때 사용합니다. that 이후에는 내가 동의하는 상대방의 의견이 무엇인지를 말하면 됩니다.

We've discussed ~.

우리는 ~를 논의했습니다.

We've discussed
this many times already.

우리는 이 일을 이미 여러 차례 논의했습니다.

We've discussed
our marketing strategies.

우리는 마케팅 전략을 논의했습니다.

We've discussed
why we should stop this service.

우리는 이 서비스를 중단해야 하는 이유를 논의했습니다.

We've discussed
by phone what to display in the store.

우리는 가게에 무엇을 진열할지를 전화로 논의했습니다.

We've discussed
everything we want included in the contract.

우리는 계약서에 포함되기를 원하는 모든 것을 논의했습니다.

---

display 진열하다 **include** 포함시키다

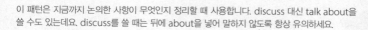이 패턴은 지금까지 논의한 사항이 무엇인지 정리할 때 사용합니다. discuss 대신 talk about을 쓸 수도 있는데요, discuss를 쓸 때는 뒤에 about을 넣어 말하지 않도록 항상 유의하세요.

We'll make sure ~.

반드시 ~하겠습니다.

We'll make sure
you get promoted next year.

내년에는 반드시 당신이 승진되도록 하겠습니다.

We'll make sure
you get a bonus next month.

다음 달에는 반드시 당신이 보너스를 받도록 하겠습니다.

We'll make sure
to end the meeting by 3 o'clock.

3시까지는 반드시 회의를 끝내겠습니다.

We'll make sure
he pays the remaining amount.

그가 반드시 잔금을 지불하게 하겠습니다.

We'll make sure *to give all our customers a call to apologize to them.*

반드시 우리 고객 전부에게 사과 전화를 드리도록 하겠습니다.

---

get promoted 승진되다 **end** 끝내다 **remaining amount** 잔금
give ~ a call to apologize ~에게 사과 전화를 하다

 이 패턴은 다짐을 할 때 사용할 수 있습니다. make sure는 '반드시 ~하다'라는 뜻인데요. Make sure ~.와 같이 명령문 패턴으로 사용하면 확인 지시를 내리는 표현이 됩니다.

□ □ □

We can accept ~.

~를 받아들일 수 있습니다.

We can accept *the price you suggested.*

당신이 제안하셨던 가격을 받아들일 수 있습니다.

We can accept *your request this time only.*

이번에 한해 당신의 요청을 받아들일 수 있습니다.

We can accept *your demand for higher pay.*

당신의 임금 인상 요구를 받아들일 수 있습니다.

We can accept *the results of the experiment.*

그 실험의 결과를 받아들일 수 있습니다.

We can accept *your proposal on one condition.*

한 가지 조건 하에서 당신의 제안을 받아들일 수 있습니다.

---

this time only 이번에 한해 **demand for higher pay** 임금 인상 요구 **experiment** 실험

계약을 하다보면 양측이 자신에게 유리한 계약 조건을 내걸게 되는데요. 이런 조건 중 받아들일 수 있는 게 있다면 이 패턴을 사용하면 됩니다. 그러나 받아들일 수 없다면 We cannot accept ~.(~를 받아들일 수 없습니다.)라고 해야 합니다.

I understand that ~.

~를 압니다.

I understand that
you want a replacement bulb.

교체 전구를 원하는 것을 압니다.

I understand that
you want a refund for this product.

귀하가 이 제품에 대해 환불을 원하는 것을 압니다.

I understand that
you're complaining about our bad service.

저희의 안 좋은 서비스에 대해 불만이 있으신 것을 압니다.

I understand that
your payment is overdue for two months.

귀사의 결제가 두 달 연체돼 있다는 것을 압니다.

I understand that *delivery*
will be made within 7 days of our order.

배송은 주문 후 7일 이내에 이루어질 것임을 압니다.

---

replacement bulb 교체 전구   overdue 연체된, 기한이 지난

 어떤 일을 둘러싼 여러 가지 상황을 알고 있다고 할 때 이 패턴을 씁니다. understand는 '이해하다'라는 뜻 외에 '알고 있다'라는 의미로도 쓰입니다.

I was informed that ~.

~라고 알고 있습니다.

I was informed that
the project has been delayed.

프로젝트가 지연되었다고 알고 있습니다.

I was informed that
the festival was a great success.

축제가 대성공이었다고 들었습니다.

I was informed that
the new magazine is getting bad reviews.

새로 나온 잡지가 안 좋은 평을 받고 있다고 알고 있습니다.

I was informed that
only a few people have applied for the job.

겨우 몇 명만 그 일에 지원했다고 알고 있습니다.

I was informed that
we should dress formally for the ceremony.

식에서는 정장을 입어야 한다고 알고 있습니다.

---

get a bad review 안 좋은 평을 받다   apply for ~에 지원하다   dress formally 정장을 입다

어떤 일에 대한 정보를 전해 들어 알고 있다고 말할 때 이 패턴을 씁니다. inform은 '알리다, 알려 주다'라는 뜻으로 be informed라고 하면 '알게 되다'라는 뜻이 됩니다. 이 패턴 표현은 더 간단히 I heard that ~.이라고 할 수도 있습니다.

We'll consider ~.

~를 고려해 보겠습니다.

We'll consider
your thoughts on our service.

우리 서비스에 대한 당신의 생각을 고려해 보겠습니다.

We'll consider
a better way to improve efficiency.

효율성을 향상시키는 더 좋은 방법을 고려해 보겠습니다.

We'll consider
a one-year moratorium on imported rice.

수입쌀에 대해 1년간의 지불 유예를 고려해 보겠습니다.

We'll consider
a new marketing strategy for our products.

우리 제품의 새 마케팅 전략을 고려해 보겠습니다.

We'll consider *offering*
a special discount for our 20th anniversary.

20주년 기념 특별 할인을 제공하는 것을 고려해 보겠습니다.

---

improve efficiency 효율성을 향상시키다   moratorium 지불 유예   imported rice 수입쌀

 상대방의 제안이나 요구 사항에 대해 바로 확답을 줄 수 없거나 확답을 주기 곤란할 때 이 패턴을
사용하면 됩니다. '~를 고려해 보겠다/생각해 보겠다'라는 뜻으로 이해하면 됩니다.

We have a problem with ~.

~에 문제가 있습니다.

We have a problem with
the project schedule.

프로젝트 일정에 문제가 있습니다.

We have *serious* problems with
your products.

귀사의 제품에 중대한 문제가 있습니다.

We have a problem with
the schedule this month.

이번 달 일정에 문제가 있습니다.

We have *serious* problems with
the preorder form.

사전 주문 양식에 중대한 문제가 있습니다.

We have a problem with
the newly released eye cream.

새로 출시된 아이크림에 문제가 있습니다.

---

project schedule 프로젝트 일정   preorder form 사전 주문 양식   newly released 새로 출시된

문제가 발생했을 때는 We have a problem.이라고 합니다. problem 뒤에 with 이하를 쓴 이
패턴은 무엇에 문제가 생겼는지를 구체적으로 말할 때 사용합니다.

In my view, ~.

제 생각에는,

In my view,
the right time hasn't come yet.

제 생각에는, 아직 제때가 오지 않았습니다.

In my view,
fashions change quickly in Korea.

제 생각에는, 한국의 패션이 빨리 변합니다.

In my view,
we should change our working hours.

제 생각에는, 근무 시간을 바꿔야 합니다.

In my view,
he's having a positive effect on our team.

제 생각에는, 그가 우리 팀에 긍정적인 영향을 끼치고 있습니다.

In my view,
it's time to take his suggestion into account.

제 생각에는, 그의 제안을 고려해 볼 때입니다.

---

right time 제때   working hours 근무 시간   have a positive effect on ~에 긍정적인 영향을 끼치다
take ~ into account ~를 고려하다

이 패턴은 자신의 의견을 말할 때 사용합니다. I think ~.라고 해도 되지만, 좀 더 정중하게 자신의
생각을 말하고 싶을 때는 이 표현을 사용하는 것이 좋습니다. view 대신 opinion을 넣어 말해도
됩니다.

By the way, ~.

그건 그렇고, ~.

By the way,
we have developed some new products.

그건 그렇고, 저희가 신제품을 개발했습니다.

By the way,
is Dan on a business trip or on vacation?

그건 그렇고, 댄은 출장 중입니까, 아니면 휴가 중입니까?

By the way,
can you give me the March sales figures?

그건 그렇고, 3월 매출액을 알려 줄 수 있습니까?

By the way,
what time is the meeting supposed to start?

그건 그렇고, 회의는 몇 시에 시작하기로 되어 있습니까?

By the way, *can you show me how much*
we've earned this year?

그건 그렇고, 금년에 우리가 얼마를 벌었는지 보여 주시겠습니까?

---

on a business trip 출장 중인   **on vacation** 휴가 중인

화제를 전환하려고 할 때 많이 사용하는 표현입니다. 일상 회화에서는 물론 비즈니스 상황에서도 화제를 다른 데로 전환하려고 할 때는 By the way,라고 말하면서 다른 이야기를 시작하면 됩니다.

As requested, ~.

요청하신 대로, ~.

As requested,
this social media site will be updated.

요청하신 대로, 이 소셜미디어 사이트가 업데이트될 것입니다.

We'll send you the information
as requested.

요청하신 대로, 정보를 보내 드리겠습니다.

We'll send you 10 copies of the book
as requested.

요청하신 대로, 그 책 10부를 보내 드리겠습니다.

As requested, *we'll provide you with the*
technological know-how to do the job.

요청하신 대로, 그 작업을 하기 위한 기술적인 노하우를 제공해 드리겠습니다.

As requested, *we'll make sure that your logo*
will be printed on the boxes.

요청하신 대로, 귀사의 로고가 상자에 인쇄되도록 확인하겠습니다.

---

10 copies of the book 책 10부   technological know-how 기술적인 노하우

 상대방의 요청대로 일을 처리한다는 것을 밝힐 때는 이 표현을 쓰면 됩니다. 원래는 As you requested라는 표현인데, you를 생략하고 써도 됩니다.

First of all, ~.

우선, ~.

First of all,
your safety is our top priority.

우선, 당신의 안전이 최우선 사항입니다.

First of all,
the new project was canceled.

우선, 새 프로젝트가 취소되었습니다.

First of all,
I'd like to return the item to you.

우선, 당신에게 그 품목을 돌려드리고자 합니다.

First of all,
there will be some major personnel shifts.

우선, 주요한 인사 이동이 좀 있을 겁니다.

First of all,
we'll have to reduce the cost of production.

우선, 생산 비용을 줄여야 합니다.

---

personnel shift 인사 이동 **cost of production** 생산 비용

본론을 전개할 때 '우선 ~, 다음은 ~, 마지막으로 ~.'와 같이 순서를 정해 내용을 서술할 때가 많은데요. 이것은 '우선'이라는 뜻으로 가장 먼저 사용하게 되는 표현입니다.

175

I hope you are doing well. I'm emailing you to let you know something.
We're aiming to *have around 100 hotels by 2030.*

176

I heard there will be a seminar in London. **I'd like to take part in** *the
seminar.* Please register me in the seminar. After doing so, please book a
flight and a hotel room for me.

177

I wonder if you heard about the accident at the Santiago factory. Two
workers were seriously injured. **I'd like to see you in person to** *discuss
how to prevent this kind of accident here.* Please let me know when you're
available.

178

My communication skills would make me an asset to your organization.
I am very interested in the job, and **I'm keen on** *pursuing a career in this
sales field.* I can be reached on my cell phone, 010-1678-5555 anytime.

179

We offer four types of boxes, all of which suit your requirements.
We'd be pleased to *discuss our products in detail.* Please give me a call
at 02-7244-9545.

---

175 잘 지내고 계시기를 바랍니다. 알려 드릴 게 있어 이메일을 씁니다. 저희는 2030년까지 100여 개의 호텔을 갖추는 것을 목표로 하고 있습니다. **176** 런던에서 세미나가 있을 것이라고 들었습니다. 그 세미나에 참여하고 싶은데요. 세미나에 등록해 주세요. 그러고 나서 제 항공편과 호텔 방을 예약해 주십시오. **177** 혹시 산티아고 공장의 사고에 대해서 들으셨나요? 두 명의 근로자가 중상을 입었습니다. 직접 뵙고 이곳에서 일어나는 이러한 종류의 사고를 막을 방법을 논의하고 싶습니다. 언제가 괜찮은지 알려 주십시오. **178** 저의 의사소통 능력은 귀 조직의 자산이 될 것입니다. 저는 그 일자리에 관심이 많고 이런 영업 분야에서 경력을 쌓고 싶습니다. 휴대 전화 010-1678-5555로 언제든지 연락 하시면 됩니다. **179** 저희는 네 가지 유형의 상자를 제공하는데, 모두 귀사의 요구 사항에 맞습니다. 기꺼이 우리 제품들에 대해 상세히 논의하겠습니다. 02-7244-9545로 저에게 전화 주십시오.

180

Thank you for your prompt reply. **I agree with you in that** *we need to overhaul our product portfolio*. To do that, we need more industrial designers. Please let me know if we have a large enough budget to hire more.

181

We've discussed *our pricing on the shirts by phone*. I can confirm that the 15-percent volume discount off the net price that you offered is acceptable.

182

I'm sad to announce that Jim Watson, our marketing VP, has decided to retire after 25 years at CAE Industries. Over the years, he has contributed greatly to the company in various capacities. **We** *all* **will make sure** *to remember his great contributions to this company*.

183

We can accept *the 10-percent volume discount that you offered.* As agreed, we'll pay by letter of credit. I have already opened this with the bank. Please note that the order must arrive here by August 20.

184

I own a food distribution company in Atlanta, and I'm interested in expanding into the area. **I understand that** *your company is involved in a wide range of businesses*. I'm particularly interested in importing wine. May I suggest that we cooperate in this area?

---

180 신속한 답변에 감사드립니다. 제품 포트폴리오를 철저히 점검해야 한다는 점에 있어서는 당신의 의견에 동의합니다. 그렇게 하려면, 산업 디자이너가 더 필요합니다. 인원을 더 고용할 예산이 충분한지 알려 주십시오. **181** 우리는 그 셔츠에 대한 가격 책정을 전화로 논의했습니다. 대량 구매에 대해 귀하가 제시했던 정가의 15퍼센트 할인이 받아들여졌음을 확인 드립니다. **182** 우리 회사의 마케팅 부사장인 짐 왓슨이 CAE 인더스트리즈에서 25년의 근무를 마친 후 퇴직 결정을 하게 되었음을 알리게 되어 슬픕니다. 그 시간 동안 그는 다양한 역량을 발휘하여 회사에 크게 기여했습니다. 우리는 모두 반드시 이 회사에 대한 그의 지대한 기여를 기억할 것입니다! **183** 귀하가 제의하신 대량 구매에 대한 10퍼센트 할인을 받아들일 수 있습니다. 합의한 대로, 저희는 신용장으로 지불할 것입니다. 저는 이미 은행에 이를 개설했습니다. 주문한 상품은 8월 20일까지 이곳에 도착해야 한다는 점에 유의해 주십시오. **184** 저는 애틀랜타에 식품 유통 회사를 소유하고 있고, 그 분야로 사업을 확장하는 데 관심이 있습니다. 귀사가 폭넓은 영역의 사업에 관여하고 있는 것을 압니다. 저는 특히 와인을 수입하는 데 관심이 있습니다. 이 분야에서 우리가 협력할 것을 제안해도 될까요?

185

I wonder how the meeting went this morning. **I was informed that** *Scott was upset at the meeting*. Please let me know exactly why he was upset. He is a very important client to us.

186

We'll consider *offering substantial discounts on orders over $100,000*. All our products are guaranteed for one year. We have several agencies in your country and provide after-sale service on all our products.

187

We have a *serious* **problem with** *your computer desk*. We started selling the product in March. Since then, we have received 45 complaints from customers. The complaints are all about the poor quality of the metal legs, which easily bend and sometimes break.

188

Let me answer your question first. **In my view**, *he's having a negative effect on our team*. So we have little choice but to let him go. Either we do that or we can transfer him to another department.

189

Thanks for the information on the budget meeting. **By the way**, *I called John's office and tried to get the March sales figures, but he's on a business trip*. You can get in touch with Mary and ask her to email the information.

185 오늘 아침 회의가 어떻게 진행됐는지 궁금하네요. 스콧이 회의 도중에 언짢아했다는 것은 알고 있습니다. 그가 왜 언짢아했는지 정확히 알려 주세요. 그는 우리에게 아주 중요한 고객입니다. **186** 10만 달러가 넘는 주문에 대해 대대적인 할인을 제공하는 것을 고려해 보겠습니다. 저희 모든 제품은 1년 동안 품질이 보장됩니다. 귀하의 나라에도 대리점이 몇 개 있어 저희의 전 제품에 대해 애프터서비스를 제공합니다. **187** 귀사의 컴퓨터 책상에 심각한 문제가 있습니다. 우리는 3월에 그 제품을 판매하기 시작했는데요. 그때 이후로 고객들로부터 45건의 불만 사항을 접수했습니다. 불만은 전부 금속제 다리의 품질이 나쁜 것에 관한 것인데, 다리가 쉽게 휘고 때로는 부러지기도 한다는 겁니다. **188** 우선 당신의 질문에 답변을 드리겠습니다. 제 생각에는 그가 우리 팀에 부정적인 영향을 끼치고 있습니다. 그러므로 그를 내보내는 수밖에는 거의 선택의 여지가 없습니다. 그렇게 하거나 그를 다른 부서로 옮길 수 있습니다. **189** 예산 회의에 관한 정보를 줘서 고마워요. 그건 그렇고, 존의 사무실에 전화해서 3월 매출액을 받으려고 했는데 그가 출장 중이네요. 당신이 메리에게 연락해서 그녀에게 그 정보를 이메일로 보내달라고 요청할 수 있을 거예요.

As **requested**, *when we send the order, we'll make sure that all the boxes are marked with your company logo.* The order will be delivered by January 2. Thank you for your order.

First of all, *we are sorry to hear that you have been experiencing problems with your new laptop.* If you package the laptop carefully and send it to us, we'll thoroughly inspect it to find the source of the problem.

---

190 요청하신 대로, 주문한 제품을 발송할 때 모든 상자에 귀사의 회사 로고가 표시되도록 하겠습니다. 주문하신 제품은 1월 2일까지 배송될 것입니다. 주문해 주셔서 감사합니다. **191** 우선 새 노트북 때문에 곤란을 겪고 계시다니 유감입니다. 노트북을 잘 포장하여 저희에게 보내 주시면, 철저히 조사하여 문제의 원인을 밝히도록 하겠습니다.

Chapter 22

본론 말하기 2
요청하고 강조하기

비즈니스 관계라면 상대에게 무언가를 요청하고 부탁할 때 사용하는 언어에 신중해야 합니다. 이번 Chapter에서는 제안하거나 부탁할 때, 부탁한 일을 재촉할 때 정중하게 사용할 수 있는 패턴을 익혀 봅니다.

192 I hope ~.

193 I'd like to propose ~.

194 I'll have to ~.

195 We need ~.

196 I'd appreciate it if ~.

197 I'd be grateful if you could ~.

198 We'd be grateful to have the opportunity to ~.

199 Please ~ as soon as possible.

200 Please inform us (about/if) ~.

201 If possible, I'd like to ~.

202 We require ~.

203 I'd like to remind you ~.

I hope ~.

~하기를 바랍니다.

I hope *these terms are acceptable.*

이 조건이 받아들여지기를 바랍니다.

I hope *you can enjoy your vacation.*

휴가를 재미있게 보내시기를 바랍니다.

I hope *to hear from you in the near future.*

가까운 시일내에 소식을 듣기를 바랍니다.

I hope *you have a successful fourth quarter.*

성공적인 4/4분기가 되기를 바랍니다.

I hope *you never lose your sense of humor.*

당신의 유머 감각을 잃지 않기를 바랍니다.

---

in the near future 가까운 시일 내로(cf. sooner or later 조만간) sense of humor 유머 감각

인사말에서부터 완곡한 요청에 이르기까지 널리 쓰이는 패턴입니다. '~하기를 바랍니다, ~하면 좋겠습니다.'라는 의미로 사용합니다. hope 뒤에는 to 부정사나 that절을 쓸 수 있어요.

I'd like to propose ~.

~를 제안하고 싶습니다.

I'd like to propose
that we review the evidence.

증거를 검토할 것을 제안하고 싶습니다.

I'd like to propose
that we develop a cheaper one.

더 저렴한 것을 개발할 것을 제안하고 싶습니다.

I'd like to propose
that the book should be banned.

그 책이 금지되어야 한다고 제안하고 싶습니다.

I'd like to propose
adding this issue to the meeting agenda.

이 사안을 회의 안건에 추가할 것을 제안하고 싶습니다.

I'd like to propose *that*
we evaluate our workers on a quarterly basis.

분기별로 직원들을 평가할 것을 제안하고 싶습니다.

---

evidence 증거 ban 금지시키다   on a quarterly basis 분기별로

제안 사항이 있다면 이 패턴을 사용할 수 있습니다. propose 대신에 동의어인 suggest를 사용해도 됩니다. would like to는 '~하고 싶다, ~를 원하다'라는 뜻으로 I propose ~.보다 I'd like to propose ~.라고 하는 것이 더 정중하게 들립니다.

I'll have to ~.

~해야 할 것입니다.

I'll have to *go to France next week.*

다음 주에 프랑스로 가야 할 것입니다.

I'll have to *hire two more engineers.*

엔지니어를 두 명 더 고용해야 할 것입니다.

I'll have to *get my taxes done on time.*

제때에 세금을 내야 할 것입니다.

I'll have to *stay here for the time being.*

당분간 여기에서 머물러야 할 것입니다.

I'll have to *analyze the big data thoroughly.*

그 빅데이터를 철저히 분석해야 할 것입니다.

---

engineer 엔지니어 get one's taxes done on time 세금을 제때에 내다 for the time being 당분간

analyze 분석하다

이 패턴은 앞으로 꼭 해야 할 일이 있음을 말할 때 사용합니다. will have to는 미래에 해야 할 일을 말할 때 쓰지요. 참고로 지금 해야 할 일을 말할 때는 have[has] to를 쓰고, 과거에 해야 했던 일을 말할 때는 had to를 사용하면 됩니다.

We need ~.

~가 필요합니다.

We need
samples of all of the products.

모든 제품의 샘플이 필요합니다.

We need
two copies of the book.

그 책 두 권이 필요합니다.

We need
a clarification of her position.

그녀의 입장에 대한 해명이 필요합니다.

We need
statistics on our first-quarter sales.

우리의 1/4분기 판매 통계치가 필요합니다.

We need
the personnel files on all their employees.

그들의 전 직원에 대한 인사 파일이 필요합니다.

---

clarification 해명   statistics 통계치   personnel 인사의

필요한 것을 요구할 때는 need 동사를 사용합니다. 실험이나 요리의 준비물을 말할 때도 이 패턴
을 쓸 수 있어요. 참고로 '~해야 할 필요가 있다'라고 말할 때는 We need to ~.라고 하세요.

I'd appreciate it if ~.

~하면 감사하겠습니다.

I'd appreciate it if
I could hear from you soon.

곧 소식을 들을 수 있다면 감사하겠습니다.

I'd appreciate it if
I had an opportunity to meet you.

귀하를 만날 기회를 갖게 된다면 감사하겠습니다.

I'd appreciate it if
you wouldn't act like this anymore.

더 이상 이처럼 행동하지 않으시면 감사하겠습니다.

I'd appreciate it if
you could write me a letter of recommendation.

추천서를 써 주실 수 있다면 감사하겠습니다.

I'd appreciate it if *you could*
give us a presentation about your products.

귀사의 제품에 대해 프레젠테이션을 해 주실 수 있다면 감사하겠습니다.

letter of recommendation 추천서

어떤 일을 해 주면 좋겠다고 말할 때 사용할 수 있는 패턴입니다. I want you to ~.나 I'd like you to ~.와 같이 직접적으로 말할 수도 있지만, 이 패턴을 사용하면 더 정중한 표현이 됩니다.

I'd be grateful if you could ~.

~해 주실 수 있다면 감사하겠습니다.

I'd be grateful if you could *help me with this contract.*

이 계약서를 도와주실 수 있다면 감사하겠습니다.

I'd be grateful if you could *provide me with more details.*

좀 더 자세한 정보를 제공해 주실 수 있다면 감사하겠습니다.

I'd be grateful if you could *provide me with her schedule.*

그녀의 일정을 제공해 주실 수 있다면 감사하겠습니다.

I'd be grateful if you could *let me know what time you're arriving.*

도착 시간을 알려 주실 수 있다면 감사하겠습니다.

I'd be grateful if you could *send me the summer enrollment information.*

여름 학기 등록 정보를 보내 주실 수 있다면 감사하겠습니다.

---

provide A with B A에게 B를 제공하다   enrollment information 등록 정보

앞서 배운 Pattern 196과 같은 의미의 표현입니다. 상대방에게 요청하거나 부탁하고 싶은 것이 있을 때 사용하기 좋은 패턴이지요. 이때 if you 뒤에는 can이 아니라 could를 써야 한다는 데 유의하세요.

We'd be grateful to have the opportunity to ~. ~할 기회를 갖게 된다면 감사하겠습니다.

We'd be grateful to have the opportunity to *work with you.*

당신과 함께 일할 기회를 갖게 된다면 감사하겠습니다.

We'd be grateful to have the opportunity to *visit your office.*

당신의 사무실을 방문할 기회를 갖게 된다면 감사하겠습니다.

We'd be grateful to have the opportunity to *tour your factory.*

공장을 견학할 기회를 갖게 된다면 감사하겠습니다.

We'd be grateful to have the opportunity to *ask questions at the meeting.*

회의 때 질문을 할 수 있는 기회를 갖게 된다면 감사하겠습니다.

We'd be grateful to have the opportunity to *talk with some of your workers.*

당신의 직원들 몇 명과 이야기를 나눌 기회를 갖게 된다면 감사하겠습니다.

---

tour a factory 공장을 견학하다

---

opportunity는 '기회'라는 뜻인데요. 이 단어를 사용한 대표적인 어구가 have the opportunity to ~입니다. 함께 일할 기회를 달라고 할 때나 질문할 기회가 있다고 말할 때처럼 기회에 대해 언급할 때 유용하게 쓸 수 있습니다.

Please ~ as soon as possible.

가능한 한 빨리 ~해 주십시오.

Please *reply to my email*
as soon as possible.

가능한 한 빨리 제 이메일에 답장 주십시오.

Please *get this project done*
as soon as possible.

가능한 한 빨리 이 프로젝트를 끝내 주십시오.

Please *send me the blueprints*
as soon as possible.

가능한 한 빨리 저에게 설계도를 보내 주십시오.

Please *send me the information*
as soon as possible.

가능한 한 빨리 저에게 그 정보를 보내 주십시오.

Please *send me your business plan*
as soon as possible.

가능한 한 빨리 사업 계획서를 보내 주십시오.

---

blueprint 설계도(cf. floor plan 평면도)   business plan 사업 계획서

이 패턴은 다급한 상황에서 상대방을 재촉할 때 사용할 수 있습니다. as soon as possible은
ASAP로 줄여 쓸 수 있기는 하지만, 예의를 갖추어 말해야 할 상대에게 줄임말을 쓰면 자칫 무례
하게 들릴 수 있으니 유의하세요.

Please inform us (about/if) ~.

~(에 대해/하면) 알려 주십시오.

Please inform us about
the current situation.

현 상황에 대해 알려 주십시오.

Please inform us about
any changes of your address.

주소가 변경될 경우에는 알려 주십시오.

Please inform us
immediately if *the meeting is canceled.*

회의가 취소되면 즉시 알려 주십시오.

Please inform us about
the pros and cons of this matter.

이 문제에 대한 찬반론을 알려 주십시오.

Please inform us about
any changes to your personal information.

개인 정보가 변경되는 경우에는 알려 주십시오.

current situation 현 상황 pros and cons of(on) ~에 대한 찬반론 personal information 개인 정보

어떤 사항에 대해 알려 달라고 말할 때 쓸 수 있는 유용한 패턴입니다. inform 동사에는 정보를 제공한다는 의미가 담겨 있지요. I'd like you to inform us ~.라고 말해도 비슷한 의미입니다.

If possible, I'd like to ~.

가능하다면, ~하고 싶습니다.

If possible, I'd like to
arrange the documents.

가능하다면, 그 서류들을 정리하고 싶습니다.

If possible, I'd like to
make a flight reservation now.

가능하다면, 지금 비행기 예약을 하고 싶습니다.

If possible, I'd like to
have a meeting on Wednesday.

가능하다면, 수요일에 회의를 하고 싶습니다.

If possible, I'd like to
show you our new shoe designs.

가능하다면, 저희의 새로운 신발 디자인을 보여드리고 싶습니다.

If possible, I'd like to
make a reservation for two nights.

가능하다면, 2박 예약을 하고 싶습니다.

---

arrange documents 서류를 정리하다   make a flight reservation 비행기 예약을 하다

 이 패턴은 원하는 것을 말할 때 씁니다. 상대방을 배려하는 의미를 담고 있는 If possible을 덧붙여 말함으로써 더 정중하게 부탁할 수 있습니다. If possible의 원래 형태는 If it is possible입니다.

We require ~.

~를 요청합니다.

We require
you to submit an application form.

당신이 신청서를 제출하기를 요청합니다.

We require
you to test the sample by next week.

다음 주까지 샘플을 테스트하기를 요청합니다.

We require
a change in the plans for our annual outing.

연례 야유회 계획 변경을 요청합니다.

We require
facilities that can accommodate 100 people.

100명을 수용할 수 있는 시설을 요청합니다.

We require *course descriptions*
of all of the classes you've taken.

당신이 수강한 모든 수업의 강좌 설명서를 요청합니다.

---

annual outing 연례 야유회　course description 강좌 설명서

요구 사항을 직접적이고도 분명하게 언급할 때 사용하는 패턴입니다. require 뒤에는 배달을 몇 시간 내로 해달라든가, 프레젠테이션 시설이 있는 회의실을 달라든가 하는 구체적인 요청 내용이 와야 합니다.

I'd like to remind you ~.

~를 상기시켜 드리고 싶습니다.

I'd like to remind you *that you have to confirm your order.*

주문을 확정해야 함을 상기시켜 드리고 싶습니다.

I'd like to remind you *that I'll visit your factory next Tuesday.*

다음 주 화요일에 귀사의 공장을 방문할 것임을 상기시켜 드리고 싶습니다.

I'd like to remind you *to send out the invoice before the 15th.*

15일 전에 송장을 발송하실 것을 상기시켜 드리고 싶습니다.

I'd like to remind you *to arrange a meeting with Mr. Allen on Friday.*

금요일에 앨런 씨와의 회의를 잡을 수 있음을 상기시켜 드리고 싶습니다.

I'd like to remind you *that you have to hand in the report by April 21.*

4월 21일까지 보고서를 제출하셔야 한다는 것을 상기시켜 드리고 싶습니다.

---

confirm one's order 주문 내역을 확정하다   arrange a meeting with ~와의 회의를 잡다   hand in 제출하다

상대방에게 어떤 일을 다시 한 번 상기시켜 주고자 할 때 유용하게 사용할 수 있는 패턴입니다.
you 뒤에는 상기시킬 내용이 오는데, that절이나 to부정사구를 사용합니다.

Thank you for your invitation to visit your factory. I'm writing to ask when would be convenient for you. Are you free next Thursday or Friday afternoon? Please email me to let me know what day is good. **I hope** *to see you soon.*

I'd like to propose *that we reconsider our employee training program.* We're currently investing a huge amount of money in training our workers. However, we still have a high employee turnover rate. I believe it's time to change this training program.

194

The meeting went well. But we've come to a standstill on various conditions. *So* **I'll have to** *stay another few days.* Could you please contact Linda and ask her if she can take over my presentation on Friday?

195

The item we are interested in is the product on page 5. It appears to meet all our specifications. However, before we place an order, **we need** *samples of all materials used in making the product.*

196

Thank you for contacting me about your new products. I am interested in getting more information about model JY505, including the price. In addition, **I'd appreciate it if** *I could know what volume discounts you give.*

---

192 공장 견학에 초대해 주셔서 감사드립니다. 언제가 편하신지 여쭤 보려고 이메일을 씁니다. 다음 주 목요일이나 금요일 오후에 시간이 나시는지요? 어느 요일이 좋으신지 이메일로 알려 주세요. 곧 뵙기를 바랍니다. **193** 우리의 직원 연수 프로그램을 재고할 것을 제안하고 싶습니다. 현재 우리는 직원 교육에 엄청난 금액을 투자하고 있습니다. 하지만 아직도 직원 이직률이 높습니다. 이 연수 프로그램을 바꾸어야 할 때라고 생각합니다. **194** 회의는 잘 진행됐습니다. 하지만 여러 가지 조건에 대해서는 막다른 길에 다다랐습니다. 그래서 제가 며칠 더 머물러야 할 거예요. 린다에게 연락해서 금요일에 제 프레젠테이션을 맡아 줄 수 있는지 물어봐 주시겠어요? **195** 저희가 관심을 가지는 품목은 5쪽에 있는 제품입니다. 그것이 저희가 원하는 모든 사양을 충족시키는 것 같습니다. 하지만 저희가 발주를 하기 전에, 그 제품을 만드는 데 사용되는 모든 재료의 샘플이 필요해요. **196** 귀사의 신제품에 대해 제게 연락 주셔서 감사합니다. 저는 가격을 비롯하여 JY505 모델에 대한 정보를 더 많이 입수하는 데 관심이 있습니다. 덧붙여, 대량 구매에 대해서는 어떤 할인을 제공하시는지 알 수 있으면 감사하겠습니다.

I'm arranging a hotel room for you here in Korea. In order to do that, however, I need your credit card number. *Also*, **I'd be grateful if you could** *let me know what time you're arriving.*

Our company is one of the largest in the area. **We'd be grateful to have the opportunity to** *learn more about your company*. We'd be delighted to receive more information about your products and prices. We look forward to hearing from you.

Bob gave me your name and said you could help me. I need some information about the upcoming motor show. In addition, **please** *send me the information* **as soon as possible**. Also, please let me know your extension. I can't find it on the list.

We'd like to order office furniture valued at more than $100,000. **Please inform us about** *any special offers you can provide*. Could you also send us details of the offer by next Thursday?

If possible, I'd like to *make reservations for the nights of October 4 and 5 for our guests attending the conference.* Their names are James Smith and Paul Davidson. Preferably, each reservation should be a suite.

---

197 여기 한국에서 묵으실 호텔 객실을 준비하고 있는데요. 그런데, 그러려면 당신의 신용카드 번호가 필요합니다. 또 몇 시에 도착하시는지 알려 주실 수 있다면 감사하겠습니다. **198** 저희 회사는 이 지역에서 가장 큰 회사 가운데 하나입니다. 귀사에 대해 더 알 수 있는 기회를 갖게 된다면 감사하겠습니다. 귀사의 제품과 가격에 대해 더 많은 정보를 받는다면 반가울 겁니다. 연락 주시기를 기다리겠습니다. **199** 밥이 당신의 이름을 알려 주면서 당신이 저를 도와줄 수 있을 거라고 하더군요. 곧 있을 자동차 박람회에 대한 정보가 필요한데요. 가능한 한 빨리 그 정보를 제게 보내 주세요. 또 당신의 내선 번호도 알려 주세요. 목록에서 찾을 수가 없네요. **200** 10만 달러 이상의 사무용 가구를 주문하고 싶은데요. 귀사가 제공할 수 있는 특가에 대해 알려 주십시오. 또한 다음 주 화요일까지 특가 제공에 대한 세부 사항을 보내 주시겠어요? **201** 가능하다면, 회의에 참석하는 우리 손님들을 위해 10월 4일과 5일 밤에 대한 예약을 하고 싶습니다. 그들의 이름은 제임스 스미스와 폴 데이비드슨입니다. 가급적이면 각각의 예약은 스위트룸이면 합니다.

We are planning a conference next month and are looking for a hotel which can offer us accommodations and conference facilities for 40 people. **We require** *suites for the accommodations and a conference room with presentation platform and seating for 40 people.*

We understand how important prompt deliveries are to our customers. So, **we'd like to remind you** *that all orders should be sent to our sales office in Denver.* I look forward to a successful business relationship with you.

202 다음 달에 회의 일정이 잡힐 거라서 40명을 위한 객실과 회의시설을 제공할 수 있는 호텔을 찾고 있습니다. 숙박용 스위트룸과 발표 연단과 40석의 의자가 있는 회의실을 요청합니다. 203 우리 고객들에게 신속 배송이 얼마나 중요한지 알고 있습니다. 따라서 주문한 상품은 모두 덴버의 영업소로 보내야 함을 상기시켜 드리고 싶습니다. 귀사와 성공적인 사업 관계를 이루기를 기대합니다.

305

Chapter 23

본론 말하기 3
감정 표현하기

이번 Chapter에서는 이메일로 감정을 표현할 때 쓸 수 있는 패턴들을 익혀 봅니다. 칭찬할 때, 기쁨을 표현할 때, 사과하거나 유감이나 실망을 표현할 때 활용할 수 있는 다양한 표현을 연습해 봅시다.

204 I was impressed by ~.

205 It is/was a pleasure to ~.

206 I regret (to inform you) that ~.

207 It's too difficult for us to ~.

208 We're disappointed ~.

209 Please accept my apology for ~.

I was impressed by ~.

~에 좋은 인상을 받았습니다.

I was impressed by *your presentation.*

귀하의 프레젠테이션에 좋은 인상을 받았습니다.

I was impressed by *your performance.*

당신의 업무 성과에 좋은 인상을 받았습니다.

I was *very* impressed by *your kindness.*

당신의 친절에 아주 좋은 인상을 받았습니다.

I was impressed by *your careful consideration.*

당신의 사려 깊음에 좋은 인상을 받았습니다.

I was *very* impressed by *the design of the new product.*

신제품 디자인에 아주 좋은 인상을 받았습니다.

performance 업무 성과   kindness 친절   careful consideration 사려 깊음

인상이 강렬한 일이 있거나 좋은 느낌을 받은 사람이나 사물이 있을 때 이 패턴을 사용할 수 있습니다. were impressed by 대신 got a good impression of라고 해도 됩니다.

It is a pleasure to ~.

~하게 되어 기쁩니다.

It was a pleasure to
receive your order.

귀하의 주문을 받게 되어 기뻤습니다.

It is a pleasure to
do business with you.

귀하와 거래하게 되어 기쁩니다.

It is a pleasure to
be a member of your group.

귀하의 그룹의 일원이 되어 기쁩니다.

It was a pleasure to
receive your positive comments.

귀하의 긍정적인 평을 받아 기뻤습니다.

It was a pleasure to
receive your letter about your new technology.

귀사의 신기술에 대한 서신을 받게 되어 기뻤습니다.

---

receive one's order ~의 주문을 받다   **receive one's positive comments** 긍정적인 평을 받다

 답장을 받아 기쁘다든지 팀원으로 맞이하게 되어 기쁘다든지 하는 인사말을 쓰는 경우가 많이 있는데요. 이럴 때 사용할 수 있는 패턴입니다. I am/was pleased to ~.와 같은 의미의 표현입니다.

I regret (to inform you) that ~. ~를 (알려드리게 되어) 유감스럽게 생각합니다.

I regret to inform you that
we have changed our decision.

저희가 결정을 바꾼 것을 알려드리게 되어 유감스럽게 생각합니다.

I regret to inform you that
your request has been rejected.

당신의 요청이 거부되었다는 것을 알려드리게 되어 유감스럽게 생각합니다.

I regret that *we cannot offer*
more than a 15-percent discount.

저희는 15퍼센트가 넘는 할인은 해 드릴 수가 없음을 유감스럽게 생각합니다.

I regret to inform you that
we'll close our account with your bank.

귀 은행과의 거래를 종료할 것임을 알려드리게 되어 유감스럽게 생각합니다.

I regret that *we cannot provide you with*
the information you want.

당신이 원하는 정보를 제공할 수 없어서 유감스럽게 생각합니다.

---

change one's decision 결정을 바꾸다　**reject** 거부하다　**close an account with** ~와 거래를 끊다

유감스러운 일을 언급할 때 유용한 패턴입니다. inform 대신 say, tell, see, hear, learn, announce 등과 같이 정보의 전달과 관련된 동사를 사용하여 다양한 패턴을 만들어 보세요.

It's too difficult for us to ~.

~하는 것은 너무 어렵습니다.

It's too difficult for us to *find good part-time workers.*

괜찮은 아르바이트 직원을 찾는 것은 너무 어렵습니다.

It's too difficult for us to *reduce customer complaints.*

고객 불만을 줄이는 것은 너무 어렵습니다.

It's too difficult for us to *find good engineers these days.*

요즘 좋은 엔지니어를 구하는 것은 너무 어렵습니다.

It's too difficult for us to *change the interior of the device.*

그 장치의 내부를 바꾸는 것은 너무 어렵습니다.

It's too difficult for us to *increase brand awareness in this market.*

이 시장에서 브랜드 인지도를 올리는 것은 너무 어렵습니다.

part-time worker 아르바이트 직원   reduce customer complaints 고객 불만을 줄이다   interior 내부
device 장치   increase brand awareness 브랜드 인지도를 올리다

 어려운 일을 겪고 있음을 말할 때 사용하는 패턴입니다. We have difficulty in ~.도 같은 뜻으로 쓸 수 있습니다. difficulty 대신 trouble이나 a problem을 넣어 말해도 됩니다.

We're disappointed ~.

~가 실망스럽습니다.

We're disappointed
by your lack of responsibility.

당신의 책임감 부족이 실망스럽습니다.

We're disappointed
that the delivery was delayed.

배달이 지연되었다니 실망스럽습니다.

We're *very* disappointed
that you couldn't keep your promise.

당신이 약속을 지키지 못했다니 아주 실망스럽습니다.

We're *very* disappointed
that you promoted Sean to sales director.

당신이 션을 영업부 이사로 승진시켰다니 아주 실망스럽습니다.

We're *very* disappointed
that you were not present at the meeting.

당신이 회의에 참석하지 않았다니 아주 실망스럽습니다.

---

keep one's promise 약속을 지키다(cf. break one's promise 약속을 어기다)　sales director 영업부 이사

present 참석한

이 패턴은 실망스러운 일을 언급할 때 사용합니다. disappointed 대신 frustrated를 사용하는
경우도 있는데, 이때는 보다 강한 실망감을 나타내게 됩니다.

Please accept my apology for ~.
~에 대한 사과를 받아 주십시오.

Please accept my apology for
the mistake.

그 실수에 대한 사과를 받아 주십시오.

Please accept my apology for
his rudeness.

그의 무례함에 대한 사과를 받아 주십시오.

Please accept my apology for
their wrongdoings.

그들의 비행에 대한 사과를 받아 주십시오.

Please accept my apology for
the late response.

늦게 답변 드린 것에 대한 사과를 받아 주십시오.

Please accept my apology for
forgetting the catalogues.

깜빡 잊고 카탈로그를 가져오지 않은 것에 대한 사과를 받아 주십시오.

---

rudeness 무례함   wrongdoing 비행, 악한 짓   late response 늦은 답변

이 패턴은 정중하게 사과하면서 용서를 구할 때 사용합니다. accept one's apology는 '사과를 받다'라는 뜻이에요. 같은 뜻의 표현인 I'm sorry for ~.는 일상적으로 편하게 사용할 수 있습니다.

□ □ □

204

I was impressed by *your latest products advertised in Furniture Today*.
I'm interested in selling some of them in my shop here in Seattle.
I'd be grateful if you could send me a catalogue and a price list.

205

Thank you for your kind consideration of our company.
It was a pleasure to *receive your email informing us about your new technology*. We welcome the opportunity to receive more information about your products.

206

We have received your invoice, but it contains some errors. As you know, we have previously received incorrect invoices several times. *So*, **I regret to inform you that** *we are changing our supplier*.

207

Hello, Pamela. I hope you are doing well. **It's too difficult for us to** *establish an office in India by ourselves*. We need your help. Adam.

208

We're disappointed *that the server broke down again. It also broke down a week ago*. That's the second time this month. Please take corrective action immediately as we do not want to experience this problem again.

209

I received your email explaining the difficulties you have had with model DX207. **Please accept my apology for** *the problems causing your difficulties*.
Unfortunately, we do not know the cause of those problems, but we'll certainly replace the item. Please accept my apology for the inconvenience.

---

204 〈퍼니처 투데이〉에 광고된 귀사의 최신 제품에 좋은 인상을 받았습니다. 이곳 시애틀에 있는 제 상점에서 그것들 중 몇 가지를 판매하는 데 관심이 있는데요. 카탈로그와 가격표를 보내 주실 수 있다면 감사하겠습니다. **205** 우리 회사에 대한 귀사의 친절한 배려에 감사드립니다. 귀사의 신기술에 대한 정보가 기재된 이메일을 받게 되어 기뻤습니다. 저희는 귀사의 제품에 대해 더 많은 정보를 받을 수 있는 기회를 환영합니다. **206** 귀사의 송장을 받았습니다만, 몇 가지 오류가 있습니다. 아시다피시, 저희는 이전에 몇 차례 부정확한 송장을 받은 적이 있습니다. 그리하여 공급업체를 변경할 것임을 알려드리게 되어 유감스럽게 생각합니다. **207** 안녕하세요, 파멜라? 잘 지내고 계시기를 바랍니다. 우리 힘만으로 인도에 사무소를 설립하는 것은 너무 어렵습니다. 당신의 도움이 필요합니다. 아담. **208** 서버가 다시 고장 나서 실망스럽습니다. 일주일 전에도 고장이 났는데요. 이번 달 들어 두 번째입니다. 다시는 이런 문제를 겪고 싶지 않으니 즉각 시정 조치를 취해 주세요. **209** DX207 모델 때문에 겪으신 불편을 기술하신 이메일을 받았습니다. 귀하의 곤란을 야기하는 문제에 대한 사과를 받아 주십시오. 유감스럽게도, 그 문제들의 원인을 알지는 못 하지만 그 물건은 확실히 교체해 드리겠습니다. 불편을 끼친 데 대한 사과를 받아 주시기 바랍니다.

Chapter **24**

본론 말하기 4
세부 사항 챙기기

무언가를 확인할 때, 전화보다는 서면으로 내용을 남길 수 있는 이메일을 사용하죠. 이번 Chapter에서는 비즈니스를 위해 논의해야 하는 세부 사항들을 질문하고 알려 주는 표현을 패턴으로 익혀 봅니다.

210 I need to check if ~.

211 Could you please send us ~?

212 I'm wondering if ~.

213 Have you ~?

214 Would it be all right if ~?

215 If you have any further questions, ~.

216 ~ will be convenient for ~.

217 ~ will be delivered ~.

218 give someone the details (of/about) ~.

219 If there are any problems (with) ~.

220 Can you ~ by ~?

221 ~ will start ~, (and end) ~.

222 I'll need to make arrangements for ~.

223 We're offering a ~ discount.

224 Please let me know your opinion about ~.

225 Do not hesitate to ~.

226 I'm eagerly awaiting ~.

227 Please keep in mind ~.

228 Please note that ~.

229 I've attached ~.

230 Please contact ~.

231 Please reply ~.

232 I look forward to ~.

233 I owe you ~.

I need to check if ~.

~인지 확인을 해야 하는데요.

I need to check if
the printer is out of order.

프린터가 고장 났는지 확인을 해야 하는데요.

I need to check if
you can meet with me next week.

다음 주에 저와 만날 수 있는지 확인을 해야 하는데요.

I need to check if
my application has been received.

저의 신청서가 접수되었는지 확인을 해야 하는데요.

I need to check if
there are any errors in the report.

보고서에 오류가 있는지 확인을 해야 하는데요.

I need to check if
we'll have a conference next month.

다음 달에 컨퍼런스를 할 것인지 확인을 해야 하는데요.

---

out of order 고장 난   receive one's application 신청서를 접수하다

일의 진행 상황이나 가능 여부 등을 확인할 때 사용할 수 있는 패턴입니다. 여기서 if는 '만일 ~라면'의 뜻이 아니라 '~인지 아닌지'의 뜻으로 쓰였다는 점에 주의하세요. 이런 경우에는 if와 같은 의미를 가진 whether를 대신 사용해도 됩니다.

Could you please send us ~?

~를 보내 주시겠습니까?

Could you please send us
a list of your best customers?

귀사의 우수 고객 목록을 보내 주시겠습니까?

Could you please send us
a picture of the new product?

신제품의 사진을 한 장 보내 주시겠습니까?

Could you please send us
your latest version of the program?

그 프로그램의 최신 버전을 보내 주시겠습니까?

Could you please send us
information about your product lineup?

제품 라인업에 대한 정보를 보내 주시겠습니까?

Could you please send us *a complete list of the ingredients in your new product*?

귀사의 신제품 성분에 대한 전체 목록을 보내 주시겠습니까?

---

best customer 우수 고객   latest version 최신 버전   ingredient 성분

.브로슈어나 가격표, 견적서 등의 자료나 서신 등을 보내 달라고 할 때 사용할 수 있는 패턴입니다.
보다 정중한 의미를 만들어 주는 please는 넣어 말해도 되고 빼고 말해도 됩니다.

I'm wondering if ~.

혹시 ~ 있나요?

I'm wondering if
you have time to review the report.

혹시 보고서를 검토해 줄 시간이 있나요?

I'm wondering if
you are able to pay for our service.

혹시 서비스 대금을 지불할 수 있나요?

I'm wondering if
we can receive your feedback on the plan.

혹시 그 계획에 대한 피드백을 받을 수 있나요?

I'm wondering if *you can give me information on the synthetic material.*

혹시 그 합성 물질에 대한 정보를 주실 수 있나요?

I'm wondering if *you can give me any advice about having them as a client.*

혹시 그들을 거래처로 확보하는 것에 대해 조언을 해 주실 수 있나요?

---

review 검토하다   **receive one's feedback** 피드백을 받다   **synthetic material** 합성 물질
have ~ as a client ~를 거래처로 확보하다

이 패턴은 직역하면 '~인지 궁금합니다.'라는 뜻이지만 '혹시 ~ 있나요?'라고 해석하는 것이 더
자연스럽습니다. 요청을 할 일이 있을 때 Can you ~? 말고 이 패턴을 활용해 보세요. 이때는 if
뒤에 you can ~.을 넣어 말하면 됩니다.

Have you ~?

~를 했습니까?

Have you
made a phone call to Bill?

빌에게 전화했습니까?

Have you
forwarded the presentation file?

프레젠테이션 파일을 전송했습니까?

Have you
ordered the brochures for model XA575?

XA575 모델의 브로슈어를 발주했습니까?

Have you
ordered office supplies through Amazon?

아마존을 통해 사무용품을 주문했습니까?

Have you
finished the diagram of the ventilation system?

통풍 시스템에 대한 설계도를 끝냈습니까?

make a phone call to ~에게 전화하다   forward 전송하다   office supplies 사무용품
ventilation system 통풍 시스템   diagram 설계도

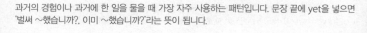
과거의 경험이나 과거에 한 일을 물을 때 가장 자주 사용하는 패턴입니다. 문장 끝에 yet을 넣으면
'벌써 ~했습니까?, 이미 ~했습니까?'라는 뜻이 됩니다.

Date.

☐ ☐ ☐

Would it be all right if ~?

~해도 괜찮을까요?

Would it be all right if
I visited you today?

오늘 당신을 방문해도 괜찮을까요?

Would it be all right if
we met at 3 p.m., not at 2 p.m.?

오후 2시가 아니라 3시에 만나도 괜찮을까요?

Would it be all right *with you* if
I had Friday off this week?

이번 주 금요일에 쉬어도 괜찮을까요?

Would it be all right if
we met in my office, not in your office?

당신 사무실이 아니라 제 사무실에서 만나도 괜찮을까요?

Would it be all right if
I left my suitcase here for a few minutes?

제 여행 가방을 여기에 잠시 놔둬도 괜찮을까요?

---

have ~ off ~를 쉬다   **suitcase** 여행 가방(cf. **backpack** 배낭   **shoulder bag** 어깨에 메는 가방)

상대방의 입장을 배려하면서 요구나 요청을 할 때 사용할 수 있는 패턴입니다. Can you ~?나 Could you ~?라고 해도 되지만, 이 패턴을 사용하면 상대방에게 더 좋은 인상을 줄 수 있을 거예요.

If you have any further questions, ~.   추가 문의 사항이 있으시면, ~.

If you have any further questions,
please contact my secretary.

추가 문의 사항이 있으시면, 언제든지 제 비서에게 연락 주십시오.

If you have any further questions,
please feel free to contact me.

추가 문의 사항이 있으시면, 언제든지 저에게 연락 주십시오.

I'll email you tomorrow to check
if you have any further questions.

추가 문의 사항이 있는지 확인하기 위해 내일 이메일을 드리겠습니다.

I'll call you next Monday to check
if you have any further questions.

추가 문의 사항이 있는지 확인하기 위해 다음 주 월요일에 전화 드리겠습니다.

If you have any further questions,
please feel free to reach me over the phone
during office hours.

추가 문의 사항이 있으시면, 근무 시간 중에 언제든지 저에게 전화로 연락하세요.

---

secretary 비서   reach ~ over the phone ~에게 전화로 연락하다   during office hours 근무 시간에

질의응답을 하고 난 뒤에 또는 문의 메일에 답한 뒤에 추가 문의 사항이 있을 경우, 어떻게 할지에
대한 언급을 하게 되는데요. 이런 때 사용하는 패턴입니다.

~ will be convenient for ~.

~가 좋겠습니다.

The week of October 2
would be convenient for us.

저희는 10월 2일에 시작되는 주가 좋겠습니다.

When would *it* be convenient for
you to be picked up?

저희가 언제 모시러 가는 게 좋겠습니까?

When would *it* be convenient for
you to have a meeting?

언제 회의를 하는 게 좋겠습니까?

When would *it* be convenient for
you to discuss this matter?

언제 이 문제를 논의하는 게 좋겠습니까?

It will be convenient for *me to meet
Ms. Smith at 3 p.m. on May 7.*

5월 7일 오후 3시에 스미스 씨를 뵙는 게 좋겠습니다.

---

pick up 차로 모시러 가다

 일정을 잡을 때 자주 사용하는 패턴입니다. ~ will be convenient for me.라고 할 때는 주어로 it이 오거나 날짜가 나오는 데 유의하세요. 언제가 좋은지 물어볼 때는 When would it be convenient for ~?라는 패턴을 사용합니다.

~ **will be delivered** ~.

~는 ~하게 배달됩니다.

It'll be delivered
after seven o'clock today.

그것은 오늘 7시 이후에 배달됩니다.

They'll be delivered
within two weeks of the order date.

그것들은 주문한 날에서 2주 내에 배달됩니다.

The refrigerator you ordered will be delivered
on October 20.

주문하신 냉장고는 10월 20일에 배달됩니다.

Your parcel will be delivered
during the second week of this month.

당신의 소포는 이번 달 두 번째 주 중에 배달됩니다.

The office supplies you ordered yesterday
will be delivered *on December 15.*

어제 주문하신 사무용품들이 12월 15일에 배달됩니다.

---

order date 주문한 날 during the second week of this month 이번 달 두 번째 주 중에

상대방이 주문한 품목을 발송하면서 보내는 이메일에 꼭 들어갈 수밖에 없는 패턴 표현입니다. 이러이러한 것이 언제까지 배달되는지 구체적으로 알려 줄 때 사용하는 유용한 패턴이지요. delivered 뒤에는 주로 날짜나 기간 등을 나타내는 말이 나옵니다.

give someone the details (of/about) ~. ~에게 (~에 대해) 자세히 알려 주다.

It will give you
the details of *sales taxes.*

그것으로 판매세에 대해 자세히 알 수 있으실 겁니다.

Could you give me
the details of *the tour*?

그 여행에 대해 제게 자세히 알려 주시겠습니까?

Please give me
some details about *this item.*

제게 이 품목에 대해 좀 자세히 알려 주십시오.

This brochure will give you
the details of *our products.*

이 브로슈어로 저희 제품에 대해 자세히 알 수 있으실 겁니다.

This pamphlet will give you
the details of *our water goggles.*

이 팸플릿으로 저희 물안경에 대해 자세히 알 수 있으실 겁니다.

---

sales tax 판매세   tour 여행, 관광   water goggles 물안경

details란 말은 '세부사항'이라는 뜻으로 특히 이메일에서 자주 쓰는 단어입니다. 제품이나 정보의 세부 사항을 알려 달라고 하거나 어떤 것에 대해 자세히 알려 달라고 할 때 이 패턴을 사용해 보세요.

If there are any problems (with), ~.

~에 문제가 있다면, ~.

Please let me know
if there are any problems with *your health.*

건강에 문제가 있다면, 제게 알려 주세요.

If there are any problems with *the deadline, please contact me.*

마감 기한에 문제가 있다면, 제게 연락 주세요.

If there are any problems, *please let us know as soon as possible.*

문제가 있다면, 가능한 한 빨리 알려 주세요.

Please let me know if there are any problems with *the product vendor.*

제품 공급업체에 문제가 있다면, 제게 알려 주세요.

If there are any problems with *the schedule, please contact me by phone.*

일정에 문제가 있다면, 제게 전화로 연락 주세요.

---

as soon as possible 가능한 한 빨리   as early as possible 가능한 한 일찍   as easily as possible 가능한 한 쉽게

product vendor 제품 공급업체

문제가 생길 경우에 대비하여 대응책을 알려 줄 때 사용하는 패턴입니다. If there is any problems with ~ 대신 If you have a problem with ~ 패턴을 써도 됩니다.

Can you ~ by ~?

~까지 ~해 주시겠어요?

Can you *send me the document* by *tomorrow*?

내일까지 그 문서를 보내 주시겠어요?

Can you *send me the paper* by *the day after tomorrow*?

내일 모레까지 그 논문을 보내 주시겠어요?

Can you *let me know what happened last night* by *tomorrow*?

어젯밤에 무슨 일이 있었는지 내일까지 알려 주시겠어요?

Can you *inform me of the situation* by *the last day of the month*?

이번 달 말일까지 상황을 알려 주시겠어요?

Can you *report to me* by *tomorrow on what you have done so far*?

당신이 지금까지 했던 일에 대해 내일까지 보고해 주시겠어요?

---

the day after tomorrow 내일 모레　the last day of the month 이번 달 말일

최종 기한을 제시하며 어떤 일을 해 달라고 요청할 때 쓸 수 있는 패턴인데, Can you ~? 대신 Could you ~?를 사용해도 됩니다. by 뒤에는 기한을 쓰면 됩니다.

~ will start ~, (and end) ~.

~는 ~시작하여 ~(끝날 것입니다).

The movie will start
in a few minutes.

영화는 조금 후에 시작됩니다.

The workshop will start
on Monday and end on Friday.

워크숍은 월요일에 시작하여 금요일에 끝날 것입니다.

The exhibition will start
on Tuesday and end on Thursday.

전시는 화요일에 시작하여 목요일에 끝날 것입니다.

The performance will most likely start
at 2:30 and end at 5:30.

공연은 아마도 2시 30분에 시작하여 5시 30분에 끝날 것입니다.

The class will start at 3 p.m. and will last
for two and a half hours.

수업은 오후 3시에 시작하며 2시간 반 동안 계속될 것입니다.

---

in a few minutes 조금 후에   exhibition 전시(회)   performance 공연

회의나 행사가 언제 시작해서 언제 끝나는지 말할 때 사용하는 패턴입니다. start나 end 뒤에는 시각이나 날짜 등을 말하면 됩니다. 시각을 말할 때는 at을, 날짜나 요일을 말할 때는 on을 쓴다는 것도 함께 알아 두세요.

I'll need to make arrangements for ~.

~ 준비를 해야 합니다.

I'll need to make arrangements for *my son's wedding.*

아들 결혼식 준비를 해야 합니다.

I'll need to make arrangements for *an early departure.*

이른 출발 준비를 해야 합니다.

I'll need to make arrangements for *next month's workshop.*

다음 달 워크숍 준비를 해야 합니다.

I'll need to make arrangements for *his clothes for the event.*

그 행사를 위한 그의 옷을 준비해야 합니다.

I'll need to make arrangements for *a pickup from the train station.*

기차역에서 마중할 준비를 해야 합니다.

---

wedding (ceremony) 결혼식   early departure 이른 출발(cf. late departure 늦은 출발)   train station 기차역

여행이나 행사 등에 대비해 이것저것 챙기고 준비해야 할 때 쓰는 패턴입니다. for 뒤에는 구체적으로 무슨 준비를 해야 하는지를 말하면 됩니다. make arrangements for 대신 prepare for 를 사용해도 됩니다.

We're offering a ~ discount.
~ 할인을 해 드리고 있습니다.

We're offering a *10-percent* discount on all items.

모든 품목에 대해 10퍼센트 할인을 해 드리고 있습니다.

We're offering *special* discounts on rooms and meals.

객실 및 식사에 대해 특별 할인을 해 드리고 있습니다.

For a limited time, we're offering a *30-percent* discount.

한정된 시간 동안 30퍼센트 할인을 해 드리고 있습니다.

We're offering a *20-percent* discount *from Monday to Friday*.

월요일부터 금요일까지 20퍼센트 할인을 해 드리고 있습니다.

We're offering a *5-percent* discount on orders of more than 100 dollars.

100달러가 넘는 주문 건에 대해 5퍼센트 할인을 해 드리고 있습니다.

meal 식사

할인 내용을 말할 때 유용한 패턴입니다. offer 뒤에는 할인율이나 할인 내용 등이 나올 수 있습니다. offer 동사 대신 give 동사를 쓰면 give someone a ~ discount의 패턴으로 써야 한다는 데 유의하세요.

Please let me know your opinion about ~.　　~에 대한 의견을 알려 주세요.

Please let me know your opinion about *the new car.*

신차에 대한 의견을 알려 주세요.

Please let me know your opinion about *my proposal.*

제 제안에 대한 의견을 알려 주세요.

Please let me know your opinion about *the schedule.*

일정에 대한 의견을 알려 주세요.

Please let me know your opinion about *the round-shaped monitor.*

둥근 모양의 모니터에 대한 의견을 알려 주세요.

Please let me know your opinion about *the price of the motorbike.*

오토바이 가격에 대한 의견을 알려 주세요.

---

round-shaped 둥근 형태의(cf. oval shaped 타원형 모양의　rectangle shaped 직사각형 모양의
square shaped 정사각형 모양의　triangle shaped 삼각형 모양의)　motorbike 오토바이

상대방의 의견을 구할 때 사용하는 패턴입니다. Please tell me ~.라고 해도 되지만 Please let
me know ~.라고 하면 더 예의바른 표현이 됩니다.

Do not hesitate to ~.

주저하지 마시고 ~하세요.

If you have any questions, do not hesitate to *email me*.

질문이 있으면, 주저하지 마시고 이메일을 보내세요.

For further assistance, do not hesitate to *email me directly*.

추가적인 도움이 필요하시면, 주저하지 마시고 저에게 직접 이메일을 주세요.

Do not hesitate to *get back to me if you need anything else*.

다른 것이 더 필요하면 주저하지 마시고 저에게 연락 주세요.

If you have any suggestions for improvement, do not hesitate to *call me*.

개선점에 대한 제안이 있으면, 주저하지 마시고 저에게 전화 주세요.

If you have any questions, do not hesitate to *contact me at extension 255*.

질문이 있으면, 주저하지 마시고 내선 번호 255로 연락 주세요.

---

directly 직접   improvement 개선(점)

문의 사항이 있거나 도움이 필요할 때 주저하지 말고 연락하라는 표현을 사용하는데요. 이런 때 쓰는 패턴입니다. 같은 뜻의 표현으로 Feel free to ~.도 있습니다.

I'm eagerly awaiting ~.

~를 간절히 기다리고 있습니다.

I'm eagerly awaiting
a sample to test.

테스트용 샘플을 간절히 기다리고 있습니다.

I'm eagerly awaiting
the survey results.

설문 조사 결과를 간절히 기다리고 있습니다.

I'm eagerly awaiting
your prompt response.

당신의 신속한 답변을 간절히 기다리고 있습니다.

I'm eagerly awaiting
your solution to the problem.

그 문제에 대한 해결책을 간절히 기다리고 있습니다.

I'm eagerly awaiting
the logo to attach to the box.

그 로고가 상자에 붙여지기를 간절히 기다리고 있습니다.

---

prompt 신속한   solution 해결책   logo 로고

상대방의 연락을 기다릴 때 또는 요구 사항에 대한 응답이 오지 않을 때, 이 패턴을 사용해 간절함을 나타낼 수 있습니다. eagerly는 '간절히'라는 뜻입니다. awaiting 대신 waiting for를 사용해도 됩니다.

Please keep in mind ~.

~를 유념해 주십시오.

Please keep in mind
that this issue is not easy to solve.

이 사안은 해결하기가 쉽지 않다는 것을 유념해 주십시오.

Please keep in mind
that smoking is not allowed in this area.

이 지역에서는 흡연이 허용되지 않는다는 것을 유념해 주십시오.

Please keep in mind
that delays are not allowed on this project.

이 프로젝트에서는 지연이 허용되지 않는다는 것을 유념해 주십시오.

Please keep in mind *the fact that we are suffering from financial problems.*

우리가 재정적인 문제를 겪고 있다는 것을 유념해 주십시오.

Please keep in mind *that our goal is to provide quality service to our customers.*

우리의 목표가 고객에게 양질의 서비스를 제공하는 것이라는 점을 유념해 주십시오.

---

solve 해결하다   smoking 흡연   suffer from a financial problem 재정적인 문제를 겪다

중요한 사항을 잊지 말라고 당부할 때 이 패턴을 사용하면 됩니다. keep 동사 대신 bear나 have 동사를 써도 됩니다. remember 동사를 쓸 때는 in mind 없이 Please remember ~.라고만 한다는 것도 알아 두세요.

Please note that ~.

Please note that *my ship leaves for France at noon.*

제가 탈 배가 정오에 프랑스로 출발한다는 점에 유의해 주십시오.

Please note that *we do not permit any logo except for our company logos.*

회사 로고 외에는 어떠한 로고도 허용하지 않는다는 점에 유의해 주십시오.

Please note that *all the flights to Chicago were canceled because of bad weather.*

시카고행 모든 항공편은 나쁜 날씨로 인해 취소되었다는 점에 유의해 주십시오.

Please note that *this bridge will be closed due to construction from the 1st till the 15th.*

1일부터 15일까지 공사 때문에 이 다리가 폐쇄된다는 점에 유의해 주십시오.

Please note that *we do not permit reviews of the same product from customers in the same household.*

한 가정의 고객으로부터 같은 제품에 대한 평가를 허용하지 않는다는 점에 유의해 주십시오.

---

except for ~ 외에는   cancel 취소하다   due to construction 공사 때문에   review 평가

 유의할 사항을 알려 줄 때 사용하는 패턴입니다. 이 표현에서의 note는 '주의하다, 주목하다'라는 뜻의 동사로 쓰였는데요. Please note my words.라고 하면 '내 말을 잘 들어 주세요.'라는 뜻이 됩니다.

I've attached ~.

~를 첨부했습니다.

I've attached
the backup files for you.

당신을 위해 백업 파일을 첨부했습니다.

I've attached
the information you requested.

요청하신 정보를 첨부했습니다.

I've attached
your plane ticket, which I printed out.

인쇄한 당신의 항공 티켓을 첨부했습니다.

I've attached
the report you've been looking for.

당신이 찾고 있던 보고서를 첨부했습니다.

I've attached
recommendations from my previous employers.

이전 고용주들로부터 받은 추천서를 첨부했습니다.

backup file 백업 파일   plane ticket 항공 티켓   recommendation 추천서

이메일 등에서 파일을 첨부했다고 언급할 때 사용하는 패턴입니다. 참고로 I have enclosed ~.라고 하면 '~를 동봉했습니다.'라는 뜻으로 팸플릿이나 브로슈어 등을 우편으로 부칠 때 사용합니다.

Please contact ~.

Please contact
my secretary to make an appointment.

약속을 하시려면 제 비서에게 연락 주십시오.

If you need more details about that,
please contact *us.*

그것에 대해 더 많은 세부 사항을 원하시면, 저희에게 연락 주십시오.

Please contact *him in the sales department
at extension 458.*

영업부 내선 458번으로 그에게 연락 주십시오.

Please contact *my assistant
to ask questions about our service.*

저희 서비스에 대해 질문을 하시려면 제 조수에게 연락 주십시오.

As I'll be out of the office from May 21 to 24,
please contact *my secretary.*

5월 21일부터 24일까지 제가 사무실을 비우므로 제 비서에게 연락 주십시오.

---

make an appointment 약속을 하다   details 세부 사항   secretary 비서

이 패턴은 연락처를 말할 때 사용합니다. contact는 서신이나 이메일, 전화 등 모든 연락 수단을
아우르는 말로 write, email, call 같은 표현 대신 쓸 수 있습니다.

Please reply ~.

~ 답장 주십시오.

Please reply
to her email by tomorrow.

내일까지 그녀의 이메일로 답장 주십시오.

Please reply
to my email without delay.

제 이메일에 지체 없이 답장 주십시오.

Please reply
at your earliest convenience.

편한 시간에 빨리 답장 주십시오.

Please reply
when you come back from your vacation.

휴가에서 돌아오시면 답장 주십시오.

Please reply *promptly since this matter is considered important.*

이 문제는 중요하다고 간주되니 신속하게 답장 주십시오.

---

without delay 지체 없이   **at one's earliest convenience** 편한 시간에 빨리   **promptly** 신속하게

이메일이나 서신을 보내면서 끝머리에 가장 자주 쓰는 내용이 답장을 달라는 말일 텐데요. 이 패턴은 그럴 때 사용합니다. 참고로 전화를 걸었다가 회신 전화를 달라고 할 때는 Please call me back ~.이라고 합니다.

I look forward to ~.

I look forward to
your new album.

새 앨범을 기대하겠습니다.

I look forward to
working with you.

당신과 함께 일하기를 기대하겠습니다.

I look forward to
your kind cooperation.

당신의 친절한 협조를 기대하겠습니다.

I look forward to
keeping in touch with you.

계속 연락하게 되기를 기대하겠습니다.

I look forward to
hearing a new perspective from you.

당신으로부터 새로운 시각의 의견을 듣기를 기대하겠습니다.

---

cooperation 협조   keep in touch with ~와 계속 연락하다   perspective 시각

서신이나 이메일을 마치면서 답장을 기다리겠다, 소식을 기다리겠다고 할 때 거의 반드시 사용하게 되는 표현입니다. 주의할 것은 to 뒤에 동사원형이 아니라 명사나 동명사가 온다는 점입니다.

I owe you ~.

~에 대해 신세를 졌습니다.

I owe you *a debt of gratitude for your hard work and dedication.*

여러분의 수고와 헌신에 신세를 졌습니다.

I owe you *a huge thank-you for your guidance during the negotiation process.*

협상 과정에서 지도해 주신 것에 대해 신세를 졌습니다.

I owe you *my sincerest appreciation for covering my responsibilities during my absence.*

제가 부재하는 동안 제 일을 담당해 주신 것에 신세를 졌습니다.

I owe you *one for helping me expand my professional network.*

내 전문 네트워크를 확장하는 데 도움을 준 것에 신세를 졌습니다.

I owe you *a great deal of thanks for your prompt assistance with the technical issues we faced.*

우리가 직면한 기술적 문제에 대해 신속한 지원을 해주신 것에 대해 신세를 졌습니다.

---

dedication 헌신 negotiation 협상 prompt 즉각적인 face 직면하다

이 패턴은 누군가의 도움, 지지, 호의에 대한 감사를 표현하고 그들에게 감사의 빚을 지고 있음을 인정할 때 사용합니다. 이 패턴을 사용하는 것은 다른 감사의 표현보다 더 캐주얼하고 비공식적일 수 있음을 명심하세요.

I hope you're doing well. I'm emailing you about the server that you're working on. **I need to check if** *you can get it up and running by May 5.*

211

Our company is looking for accommodations for some foreign employees. **Could you please send us** *some brochures showing the different homes and apartments you have available?* As our employees will arrive next month, I'd appreciate a reply as soon as possible.

212

I am writing to ask about a smartphone problem. Unfortunately, I dropped my smartphone, and the screen cracked. **I'm wondering if** *you can give me any advice on getting it repaired.* I'd really appreciate your help.

213

There will be a meeting next Wednesday from 3 to 5 p.m. to discuss the planning of the game fair. Please let me know whether you can attend. **Have you** *ordered the brochures for model 876D yet?* Remember that we need 1,000 copies for the game fair.

214

I'm sorry to hear that we need to postpone today's meeting. But I'm afraid I can't make it on Monday as you suggested. Could we meet instead at 10 a.m. on Wednesday or Friday? **Would it also be all right if** *we met in my office, not in the cafeteria?*

210 잘 지내고 계시기를 바랍니다. 수리 중이신 서버 때문에 이메일을 드리는 건데요. 5월 5일까지 서버를 가동시킬 수 있는지 확인할 필요가 있어서요. **211** 우리 회사는 몇몇 외국인 직원들의 숙소를 찾고 있습니다. 귀하가 보유한 입주 가능한 여러 주택과 아파트가 나와 있는 브로슈어를 보내 주시겠습니까? 우리 직원들이 다음 달에 도착하기 때문에, 가능한 한 빨리 답장 주시면 감사하겠습니다. **212** 스마트폰 문제에 대해 여쭤 보려고 메일을 씁니다. 유감스럽게도, 제가 스마트폰을 떨어뜨려 액정에 금이 갔습니다. 혹시 그것을 수리 받는 것에 대해 조언을 해 주실 수 있을까요? 도와 주셔서 정말 감사드립니다. **213** 다음 주 수요일 오후 3시에서 5시까지 게임 박람회 계획을 논의하는 회의가 있을 겁니다. 참석 가능 여부를 알려 주시기 바랍니다. 876D 모델의 브로슈어는 이미 주문하셨죠? 명심하세요. 게임 박람회에 1,000부가 필요합니다. **214** 오늘 회의를 연기해야 한다는 소식을 듣게 되어 유감입니다. 하지만 저는 제안하신 대로 월요일에는 갈 수 없을 것 같습니다. 대신 수요일이나 금요일 아침 10시에 만나실 수 있는지요? 또 카페테리아가 아니라 제 사무실에서 만나도 괜찮을까요?

I'll call you next week to check **if you have any further questions**. I hope we'll be able to provide your company with our affordable, high-quality products.

Could we arrange a meeting with one of your sales representatives to learn about your products? *The week of November 11* **would be convenient for us**. Please reply at your earliest convenience.

I'd like you to place an order for the items I've indicated in the winter catalogue. *They'll* **be delivered** *within four weeks of the order date*.

Thank you for your email regarding buying our trucks. You mentioned you are interested in two-ton trucks. I've attached our latest brochure. *It will* **give you the details** *of each truck's specifications*.

I'd like you to send me the details about the new designs by tomorrow morning. *Please let me know* **if there is any problem** *with this deadline*. Thank you.

215 추가 문의 사항이 있으신지 알아보기 위해 다음 주에 전화 드리겠습니다. 저희는 귀사에 고품질의 제품을 알맞은 가격으로 제공할 수 있기를 바랍니다. **216** 귀사의 제품에 대해 알려 주실 영업 담당자분과 회의 일정을 잡을 수 있을까요? 저희는 11월 11일부터 시작되는 주가 좋겠습니다. 형편 되시는 대로 빨리 답장 주시기 바랍니다. **217** 겨울 상품 카탈로그에 표시해 둔 품목들을 발주해 주셨으면 합니다. 그것들은 주문한 날에서 4주 내에 배달될 겁니다. **218** 저희 트럭의 구매와 관련한 귀하의 이메일에 감사드립니다. 2톤 트럭에 관심이 있다고 말씀하셨는데요. 최신 브로슈어를 첨부해 드립니다. 그것으로 각각의 트럭의 사양을 자세히 알 수 있으실 것입니다. **219** 내일 오전까지 새 디자인에 관한 세부 사항을 제게 보내 주시면 좋겠습니다. 마감일에 문제가 있다면 알려 주십시오. 감사합니다.

220

Can you *please update me on what you've done about that report by tomorrow morning*? I'll have some time to review my email and do some work tomorrow. I hope you have a nice day.

221

I'm making arrangements for a conference, so I'd appreciate information about group rates and meeting rooms. Regarding this conference, I'd like to know about availability during the second and third week of April. *The conference* **will start** *on a Tuesday* **and end** *on a Friday morning.*

222

I'll need to make arrangements for *this workshop before it gets too late.* So I'd appreciate information about group rates, meeting rooms, and catering options. The workshop will involve about 100 people.

223

Please notice that the winter months of December, January, and February are the least expensive. **We are offering a** *20-percent* **discount** *on weekends from Friday at noon until Sunday at noon.*

224

There are two ways to get to the hotel. One is by train, and the other one is by plane. **Please let me know your opinion** *about which method you prefer.*

220 그 보고서에 대해 당신이 작업한 내역을 내일 오전까지 업데이트 해주겠어요? 내일은 시간을 좀 내서 이메일을 검토하고 작업을 할 예정이거든요. 좋은 하루 보내기 바랍니다. **221** 회의 일정을 정할 것이므로, 단체 요금과 회의실에 대한 정보를 주시면 감사하겠습니다. 이 회의와 관련하여 4월 두 번째 주와 세 번째 주의 이용 가능 여부를 알고 싶습니다. 회의는 화요일에 시작하여 금요일 오전에 끝납니다. **222** 너무 늦어지기 전에 이번 워크숍 준비를 해야 합니다. 따라서 단체 요금, 회의실, 출장 요리 옵션에 대한 정보를 주시면 감사하겠습니다. 워크숍에는 100명 정도가 참여할 겁니다. **223** 겨울철인 12월, 1월, 2월이 가격이 가장 저렴하다는 것을 알아 두세요. 금요일 정오부터 일요일 정오까지 주말에는 20퍼센트 할인을 해 드리고 있습니다. **224** 호텔까지 가는 데는 두 가지 방법이 있습니다. 하나는 기차로 가는 것이고 다른 하나는 비행기로 가는 것입니다. 어떤 방법을 선호하시는지 의견을 알려 주세요.

225

Your netbook is covered by a one-year manufacturer's guarantee. If you ever need repairs, send it to us, and we'll repair it. **Don't hesitate to** *get back to me if you need any more information.*

226

I haven't received your email yet. Your reply is very important for expediting the delivery. **I'm eagerly awaiting** *your reply.*

227

We're giving a presentation to our clients tomorrow. But the projector in the meeting room is not working. I want you to repair it. **Please keep in mind** *that this is an urgent matter.*

228

Concerning my travel arrangements, my flight on September 9 is scheduled to arrive in Seattle at 3:30. **Please note that** *my return flight to New York on September 17 leaves Seattle at 11 a.m., not at noon.*

229

Thank you for your email. You have requested information about our computer desks. **I've attached** *the information about volume discounts you requested.* Thank you again for your interest.

225 귀하의 넷북은 1년간 제조업체의 품질 보증이 적용됩니다. 수리가 필요하게 되면, 저희에게 보내 주십시오. 그러면 저희가 수리해 드리겠습니다. 정보가 더 필요하시면 주저하지 마시고 저에게 다시 연락 주십시오. **226** 귀하의 이메일을 아직 받지 못했습니다. 배송을 신속히 진행하는 데 귀하의 답장이 아주 중요합니다. 귀하의 답장을 간절히 기다리고 있습니다. **227** 내일 고객들에게 발표를 할 겁니다. 그런데 회의실에 있는 프로젝터가 작동이 안 됩니다. 수리해 주셨으면 합니다. 이것은 긴급 사안이라는 것을 유념해 주십시오. **228** 여행 준비에 관해서인데, 9월 9일자 제 항공편은 3시 30분에 시애틀에 도착할 예정입니다. 9월 17일에 뉴욕으로 돌아오는 비행기는 정오가 아니라 오전 11시에 시애틀을 출발한다는 점에 유의해 주십시오. **229** 귀하의 이메일에 감사드립니다. 저희 컴퓨터 책상에 대한 정보를 요청하셨는데요. 대량 구매 할인에 관해 요청하셨던 정보를 첨부했습니다. 관심 가져 주셔서 다시 한 번 감사드립니다.

230

As I'll be out of the office from April 22 to 27, **please contact** *my assistant, Paul Wilson*. I would appreciate your cooperation on this matter.

231

We recently ordered 100 smartphones (Model X9740) for our employees. The smartphones themselves are fine, but the batteries only last one hour. Is there anything that can be done to extend the battery life? **Please reply** *as soon as possible as this is causing serious problems*.

232

Here are the details of the products I think you might be interested in. I'd also like to inform you of a special offer we now have. I've attached the details. **I look forward to** *hearing from you soon*.

233

I owe you *a debt of gratitude for taking the time to review the document thoroughly, providing constructive feedback, and sharing your valuable suggestions*. Your willingness to step in and offer your support, despite your busy schedule, has not gone unnoticed.

thoroughly 철저히   constructive 건설적인

230 제가 4월 22일부터 27일까지 사무실을 비울 예정이므로, 조수인 폴 윌슨에게 연락 주십시오. 이 문제에 대해 협조해 주셔서 감사드립니다. **231** 우리는 최근에 직원용으로 스마트폰(모델 X9740) 100개를 주문했습니다. 스마트폰 자체는 좋은데 배터리가 한 시간밖에 안 갑니다. 배터리 지속 시간을 늘리기 위해 할 수 있는 일이 있을까요? 이는 심각한 문제를 야기하고 있으므로 될 수 있으면 빨리 답장 주십시오. **232** 여기 귀하가 관심을 보일 것으로 생각되는 제품의 세부 사항이 있습니다. 또한 현재 저희가 가지고 있는 특가 제공에 대해서도 알려 드리고자 합니다. 세부 내용을 첨부했습니다. 곧 소식을 듣게 되기를 기대하겠습니다. **233** 시간을 내어 문서를 철저히 검토하고 건설적인 피드백을 제공하고 귀중한 제안을 공유해 주셔서 감사합니다. 바쁜 일정에도 불구하고 기꺼이 지원하려는 여러분의 의지가 괄목할 만합니다.